I0839378

Michail Bakunin

Gott und der Staat
(Klassiker des Anarchismus)

e-artnow 2018

Leseempfehlungen (als Print & e-Book von e-artnow erhältlich)

August Bebel
Die mohamedanisch-arabische Kulturperiode

Oskar Panizza
Die kriminelle Psychose (Psichopatia criminalis)

Johann Most
Anarchistische Werke: Die freie Gesellschaft + Die Anarchie + Die Gottespest
+ Die Eigentumsbestie + Der kommunistische Anarchismus

Hildegard von Bingen
Der Weg der Welt.

Martin Luther
Vom unfreien Willen (An Erasmus von Rotterdam)

Fritz Mauthner
Der Atheismus und seine Geschichte im Abendlande

Edith Stein
Welt und Person - Beitrag zum christlichen Wahrheitsstreben

Stanislaw Przybyszewski
Die Gnosis des Bösen - Entstehung und Kult des Hexensabbats, des Satanismus und der Schwarzen Messe

Rosa Luxemburg
Einführung in die Nationalökonomie

Johann Gottlieb Fichte
Das System der Rechtslehre

Michail Bakunin

Gott und der Staat (Klassiker des Anarchismus)

e-artnow, 2018
Kontakt: info@e-artnow.org

ISBN 978-80-268-5842-3

Wer hat recht, die Idealisten oder die Materialisten? Wenn die Frage einmal so gestellt wird, wird ein Zaudern unmöglich. Ohne jeden Zweifel haben die Idealisten unrecht und nur die Materialisten haben recht. Jawohl, die Tatsachen gehen den Ideen vorher, jawohl, das Ideal ist, wie Proudhon sagte, nur eine Blume, deren Wurzeln die materiellen Existenzbedingungen bilden. Jawohl, die ganze geistige und und moralische, politische und soziale Geschichte der Menschheit ist ein Reflex ihrer wirtschaftlichen Geschichte.

Alle Zweige moderner, gewissenhafter und ernster Wissenschaft wirken zusammen, diese große, diese grundlegende und entscheidende Wahrheit zu verkünden: jawohl, die soziale Welt, die menschliche Welt im eigentlichen Sinne, die Menschheit mit einem Wort ist nichts anderes als die – für uns und unseren Planeten wenigstens – letzte und oberste Entwicklung, der höchste Ausdruck der Animalität. Da aber jede Entwicklung notwendig eine Verneinung einschließt, nämlich die Verneinung ihrer Grundlage oder ihres Ausgangspunktes, ist die Menschheit zugleich und vor allem die bewußte und fortschreitende Verneinung der tierischen Natur in den Menschen, und gerade diese ebenso vernünftige als natürliche Verneinung, die nur vernünftig ist, weil sie natürlich ist, geschichtlich und logisch wie die Entwicklungen und Produkte aller Naturgesetze, gerade diese Verneinung bildet und schafft das Ideal, die Welt der geistigen und moralischen Überzeugungen, die Ideen.

Ja unsere ersten Vorfahren, unsere Adams und Evas waren, wenn nicht Gorillas, doch sehr nahe Verwandte des Gorilla, omnivore, intelligente und wilde Tiere, die in unendlich höherem Grade als alle anderen Tierarten die zwei wertvollen Fähigkeiten besaßen: die Fähigkeit zu Denken und die Fähigkeit, das Bedürfnis, sich zu empören.

Diese beiden Fähigkeiten und ihr fortschreitendes Zusammenwirken im Laufe der Geschichte bilden den bewegenden Faktor, die verneinende Kraft in der positiven Entwicklung der menschlichen Animalität und schaffen folglich alles, was das menschliche in den Menschen ausmacht.

Die Bibel, ein sehr interessantes und manchmal sehr tiefes Buch, wenn man sie als eine der ältesten erhaltenen Äußerungen der menschlichen Weisheit und Phantasie betrachtet, drückt diese Wahrheit sehr naiv in ihrem Mythos der Erbsünde aus. Jehovah, von allen Göttern, die die Menschen je angebetet, gewiß der eifersüchtigste, eitelste, roheste, ungerechteste, blutgierigste, despotischste und menschlicher Würde und Freiheit feindlichste, schuf Adam und Eva aus – man weiß nicht was für einer – Laune heraus, ohne Zweifel, um seine Langeweile zu vertreiben, die bei seiner ewigen egoistischen Einsamkeit schrecklich sein muß, oder um sich neue Sklaven zu schaffen; dann stellte er ihnen edelmütig die ganze Erde mit allen ihren Früchten und Tieren zur Verfügung, wobei er diesem vollständigen Genuß nur eine einzige Grenze setzte. Er verbot ihnen ausdrücklich, die Frucht vom Baume der Erkenntnis zu essen. Er wollte also, daß der Mensch, allen Bewußtseins seiner selbst beraubt, ewig ein Tier bleibe, dem ewigen Gott, seinem Schöpfer und Herren, untertan. Aber da kam Satan, der ewige Rebell, der erste Freidenker und Weltenbefreier. Er bewirkt, daß der Mensch sich seiner tierischen Unwissenheit und Unterwürfigkeit schämt; er befreit ihn und drückt seiner Stirn das Siegel der Freiheit und Menschlichkeit auf, indem er ihn antreibt, ungehorsam zu sein und die Frucht vom Baume der Erkenntnis zu essen.

Man weiß, was folgte. Der Herrgott, dessen Voraussicht eine seiner göttlichen Eigenschaften, ihm hätte sagen müssen, daß dies so kommen würde, geriet in schreckliche und lächerliche Wut: er verfluchte Satan und die von ihm selbst geschaffenen Menschen und die Welt, sich gewissermaßen selbst in seiner eigenen Schöpfung schlagend, wie dies Kinder im Zorn zu tun pflegen, und sich nicht begnügend, unsere Vorfahren in der Gegenwart zu treffen, verfluchte er sie in allen künftigen Generationen, die an dem Verbrechen ihrer Vorfahren doch unschuldig sind. Unsere katholischen und protestantischen Theologen finden das sehr tief und sehr gerecht, gerade weil es ungeheuer unbillig und unsinnig ist! Dann erinnerte er sich, daß er nicht nur ein Gott der Rache und des Zornes, sondern auch ein Gott der Liebe sei, und nachdem er einige Milliarden armer menschlicher Wesen während ihres Lebens gequält und zu ewiger Höllenqual verdammt hatte, erbarmte er sich der übrigen, und um sie zu retten, um seine ewige und göttliche Liebe mit seinem ewigen und göttlichen, immer opfer- und blutgierigem Zorn zu versöhnen, schickte er als Sühneopfer seinen einzigen Sohn auf die Erde, damit er von den Menschen getötet würde. Dies nennt man das Geheimnis der Erlösung, welches die Grundlage aller christlichen Religionen bildet. Und wenn wenigstens noch der göttliche Retter die Welt der Menschen gerettet hätte! Mitnichten; in dem von Christus versprochenen Paradies wird es, wie man durch ausdrückliche Ankündigung weiß, nur sehr wenige Auserwählte geben. Die übrigen, die ungeheure Mehrheit der gegenwärtigen und künftigen Generationen, werden ewig in der Hölle braten. Inzwischen liefert der stets gerechte, stets gute Gott zu unserem Trost die Erde den Regierungen der Napoleon III. und Wilhelm I., der Ferdinand von Osterreich und der Alexander von Rußland aus.

Das sind die unsinnigen Geschichten und ungeheuerlichen Lehren, die man mitten im neunzehnten Jahrhundert in allen Volksschulen Europas, auf den ausdrücklichen Befehl der Regierungen erzählt und lehrt. Das nennt man die Völker zivilisieren! Liegt es nicht auf der Hand, daß all diese Regierungen die systematischen Vergifter, die eigennützigen Verdummer der Volksmassen sind? Ich ließ mich von meinem Gegenstand abziehen durch den Zorn, der mich stets packt, wenn ich an die elenden und verbrecherischen Mittel denke, durch die man die Völker in ewiger Knechtschaft hält, ohne Zweifel, um sie besser scheren zu können. Was sind die Verbrechen aller Tropmann der Welt, gegen- über diesem Verbrechen beleidigter Menschheit, das täglich am hellen Tag, auf der ganzen Fläche der zivilisierten Erde von denen begangen wird, die sich Schützer und Väter der Völker zu nennen wagen? – Ich kehre zum Mythos von der Erbsünde zurück.

Gott gab Satan recht und erkannte an, daß der Teufel Adam und Eva nicht betrogen hatte, als er ihnen Erkenntnis und Freiheit versprach als Belohnung des Ungehorsams, zu dem er sie verleitete; denn sobald sie von der verbotenen Frucht gegessen hatten, sagte Gott zu sich (siehe die Bibel): „Sieh‘ da, der Mensch ist wie einer von Uns geworden, er kennt das Gute und das Böse; hindern Wir ihn also die Frucht des ewigen Lebens zu essen, damit er nicht unsterblich werde wie Wir.“

Lassen wir jetzt die fabelhafte Seite dieses Mythos beiseite und betrachten wir seinen wirklichen Sinn. Dieser ist sehr klar. Der Mensch hat sich befreit, er hat sich von der tierischen Natur getrennt und sich als Mensch gebildet; er begann seine Geschichte und seine eigentlich menschliche Entwicklung mit einem Akt des Ungehorsams und der Erkenntnis, das heißt mit der Empörung und dem Denken.

* * *

Drei Elemente oder drei Grundprinzipien bilden die wesentlichen Bedingungen aller gemeinschaftlichen und persönlichen menschlichen Entwicklung in der Geschichte: 1. die menschliche Animalität; 2. das Denken; 3. die Empörung. Dem ersten entspricht die soziale und private Wirtschaft, dem zweiten die Wissenschaft, dem dritten die Freiheit.[1]

Die Idealisten aller Schulen, die Aristokraten und Bourgeois, Theologen und Metaphysiker, Politiker und Moralisten, Geistlichen, Philosophen und Dichter – nicht zu vergessen die liberalen Ökonomisten, diese zügellosen Anbeter des Ideals, – all diese sind sehr verletzt, wenn man ihnen sagt, daß der Mensch, mit all seiner glänzenden Intelligenz, seinen erhabenen Ideen und grenzenlosen Bestrebungen, wie alles auf der Welt, nichts als Materie, nichts als ein Produkt dieser niedrigen Materie ist.

Wir können ihnen erwidern, daß die Materie, von welcher die Materialisten sprechen, – eine spontane, ewig bewegliche, tätige produktive Materie, chemisch und organisch bestimmt und in Erscheinung tretend, entsprechend den ihr eigenen mechanischen, physischen, tierischen und intelligenten Eigenschaf- ten und Kräften, – nichts mit der niedrigen Materie der Idealisten gemeinsam hat. Letztere, ein Produkt ihrer falschen Abstraktion, ist tatsächlich ein dummes, unbelebtes, unbewegliches, zu allem unfähiges Ding, ein toter Rückstand, eine häßliche Einbildung, jener schönen Einbildung gegenübergestellt, die sie Gott, das höchste Wesen nennen, demgegenüber die Materie, die Materie der Idealisten, von ihnen selbst all dessen beraubt, was ihre wirkliche Natur ausmacht, notwendig das höchste Nichts darstellt. Sie nahmen der Materie die Intelligenz, das Leben, alle bestimmenden Eigenschaften, tätigen Beziehungen oder Kräfte, selbst die Bewegung, ohne welche die Materie nicht einmal Gewicht hätte, und ließen ihr nur die Undurchdringlichkeit und die unbedingte Bewegungslosigkeit im Raum; sie legten all diese Kräfte, Eigenschaften und natürlichen Äußerungen dem von ihrer abstrahierenden Phantasie geschaffenen eingebildeten Wesen bei; dann nannten sie, mit Vertauschen der Rollen, dieses Produkt ihrer Einbildung, dieses Phantom, diesen Gott, der das Nichts ist: „das höchste Wesen", und erklärten mit notwendiger Konsequenz, daß das wirkliche Wesen, die Materie, die Welt, das Nichts sei. Und dann sagen sie uns mit ernster Miene, daß diese Materie unfähig sei, etwas hervorzubringen, nicht einmal sich von selbst in Bewegung zu setzen, und daß sie folglich von ihrem Gott erschaffen sein müsse.

In dem Anhang am Ende dieses Buches decke ich die wahrhaft empörenden Unsinnigkeiten auf, zu denen man unvermeidlich geführt wird durch die Einbildung eines Gottes, sei es eines persönlichen, der Welten schafft und organisiert, sei es selbst eines unpersönlichen, der als eine Art im ganzen Weltall verbreitete göttliche Seele angesehen wird, die das ewige Prinzip des Weltalls bilden würde, sei es einer unendlichen und göttlichen Idee, die immer anwesend und tätig ist und sich stets in der Gesamtheit der materiellen und endlichen Wesen äußert. Ich will mich hier auf die Hervorhebung eines einzigen Punktes beschränken.

Die allmähliche Entwicklung der materiellen Welt ist vollkommen faßbar, ebenso wie die des organischen und tierischen Lebens und die der im Laufe der Geschichte fortschreitenden, individuellen und sozialen Intelligenz des Menschen auf dieser Welt. Sie ist eine ganz natürliche Bewegung vom Einfachen zum Zusammengesetzten, von unten nach oben oder von dem Niedrigeren zu dem Höheren, eine all unseren täglichen Erfahrungen und daher auch unserer natürlichen Logik, den Gesetzen unseres Geistes entsprechende Bewegung, dieser nur auf Grund dieser selben Erfahrungen entstehenden und sich entwickelnden Logik, die sozusagen nur deren Wiedergabe oder bewußte Zusammen- fassung im Gehirn ist.

Das System der Idealisten bietet uns das gerade Gegenteil. Es stürzt alle menschlichen Erfahrungen und den allgemeinen gesunden Menschenverstand absolut um, der doch die wesentliche Bedingung allen Verständnisses unter den Menschen ist, der von der so einfachen und einstimmigen Wahrheit, daß zweimal zwei vier ist, sich bis zu den erhabensten und kompliziertesten wissenschaftlichen Betrachtungen erhebt, ohne je etwas durch Erfahrungen oder Betrachtungen der Dinge nicht streng Bestätigtes zuzugeben, und so die einzige ernstliche Grundlage menschlicher Kenntnisse bildet.

Statt dem natürlichen Weg von unten nach oben zu folgen, vom Niedrigen zum Höheren, vom relativ Einfachen zum Zusammengesetzten, statt klug und verständig die tatsächliche fortschreitende Bewegung von der anorganisch genannten Welt zur organischen, zur Pflanzen-, dann Tier-, dann speziell menschlichen Welt zu begleiten und die Bewegung der chemischen Materie oder des chemischen Wesens zur lebenden Materie oder dem lebenden Wesen und von lebenden zum denkenden Wesen, statt dessen schlagen die idealistischen Denker, von dem von der Theologie ererbten göttlichen Phantom besessen, verblendet und angetrieben, den ganz entgegengesetzten Weg ein. Sei gehen von oben nach unten, vom Höheren zum Niedrigeren, vom Zusammengesetzten zum Einfachen. Sie beginnen mit Gott, sei es als Person, sei es als göttliche Substanz oder Idee, und ihr erster Schritt ist ein schrecklicher Fall von den erhabenen Höhen des ewigen Ideals in den Schlamm der materiellen Welt, von der absoluten Vollkommenheit zur absoluten Unvollkommenheit, von dem Gedanken vom Wesen, oder viel mehr vom höchsten Wesen zum Nichts. Wann, wie und warum das göttliche, ewige, unendliche Wesen, das absolut Vollkommene, wahrscheinlich von sich selbst gelangweilt, sich zu diesem verzweifelten salto mortale entschloß, das hat kein Idealist, Theologe, Metaphysiker oder Dichter je selbst zu verstehen gewußt, noch es den Ungläubigen erklären können. Alle vergangenen und gegenwärtigen Religionen und alle übersinnlichen philosophischen Systeme drehen sich um dieses einzige und frevelhafte Geheimnis. [2]Heilige Männer, erleuchtete Gesetzgeber, Propheten und Erlöser suchten darin das Leben und fanden darin nur Folter und Tod. Es verzehrte sie, wie die antike Sphinx, weil sie es nicht zu erklären wußten. Große Philosophen, von Heraklit und Plato bis Descartes, Spinoza, Leibniz, Kant, Fichte, Schelling und Hegel, ohne der indischen Philosophen zu gedenken, schrieben Haufen von Büchern und schufen ebenso scharfsinnige wie erhabene Systeme, in denen sie nebenbei viele große und schöne Dinge sagten und unsterbliche Wahrheiten entdeckten, die aber dieses Geheimnis, den Hauptgegenstand ihrer übersinnlichen Forschungen, ebenso unergründet ließen, wie es vor ihnen gewesen war. Da aber die gigantischen Anstrengungen der bewunderungswürdigsten Genies, welche die Welt kennt, die seit wenigstens dreißig Jahrhunderten immer von neuem diese Sisyphusarbeit unternahmen, nur dazu führten, dieses Geheimnis noch unverständlicher zu machen, können wir da hoffen, daß es uns heute durch die handwerksmäßige Spekulation irgendeines pedantischen Schülers einer künstlich aufgewärmten Metaphysik enthüllt werde und das zu einer Zeit, in der alle lebendigen und ernsten Geister sich von dieser zweifelhaften Wissenschaft abgewendet haben, die das Ergebnis eines geschichtlich gewiß erklärlichen Vergleichs zwischen der Unvernunft des Glaubens und der gesunden wissenschaftlichen Vernunft ist?

Es ist augenscheinlich, daß dieses schreckliche Geheimnis unerklärbar ist, daß es unsinnig ist, weil das Unsinnige allein sich nicht erklären läßt. Es ist augenscheinlich, daß, wer dasselbe zu seinem Glück, zu seinem Leben braucht, auf seine Vernunft verzichten und, wenn er kann, zum naiven, dummen Glauben zurückkehrend, mit Tertullian und allen aufrichtig Gläubigen die Worte wiederholen muß, welche die wahre Quintessenz der Theologie enthalten: credo quia absurdum. [3]Dann hört jede Erörterung auf und es bleibt nur die triumphierende Dummheit des Glaubens. Aber eine andere Frage erhebt sich dann sofort: Wie kann in einem intelligenten und unterrichteten Menschen das Bedürfnis entstehen, an dieses Geheimnis zu glauben?

* * *

Nichts ist natürlicher, als daß der Glaube an Gott, den Schöpfer, Organisator, Richter, Herren, Verflucher, Retter und Wohltäter der Welt sich im Volk erhalten hat, und zwar vor allem bei der Landbevölkerung, viel mehr als beim städtischen Proletariat. Das Volk ist leider noch sehr unwissend und wird in seiner Unwissenheit erhalten durch die systematischen Anstrengungen aller Regierungen, welche diese Unwissenheit – sehr begründeter Weise – für eine der wichtigsten Bedingungen ihrer eigenen Macht halten. Von der täglichen Arbeit erdrückt, der Muße, des geistigen Verkehrs, der Lektüre, kurz aller Mittel und der meisten Antriebe beraubt, welche das menschliche Denken entwickelt, nimmt das Volk meist ohne Kritik und in Bausch und Bogen die religiösen Traditionen an, die es von frühester Kindheit an in allen Lebensverhältnissen umgeben und die von einer Menge offizieller Vergifter allerart, Priestern und Laien, künstlich in ihm am Leben erhalten werden, wodurch sie sich in ihm in einer Art geistiger und moralischer Gewohnheit verwandeln, die nur zu oft viel mächtiger ist, als ein natürlicher gesunder Menschenverstand.

Noch eine andere Ursache erklärt und rechtfertigt in gewissem Grade den unsinnigen Glauben des Volkes. Dies ist die elende Lage, zu der es durch die bestehende Gesellschaftsordnung in den zivilisierten Ländern Europas unabänderlich verurteilt ist. In geistiger und moralischer, wie in materieller Hinsicht auf ein Minimum menschlicher Existenz eingeschränkt, in seiner Lebensweise eingesperrt wie ein Gefangener in den Kerker, ohne Ausblick, ohne Ausweg, sogar ohne Zukunft, wenn man den Ökonomisten glauben will, müßte das Volk die merkwürdig enge Seele und den niedrigen Instinkt der Bourgeois haben, wenn es nicht das Bedürfnis empfinden würde, aus diesen Verhältnissen herauszukommen; dazu gibt es nur drei Mittel, zwei phantastische und ein Wirkliches. Die beiden ersteren sind das Wirtshaus und die Kirche, körperliche und geistige Ausschweifung; das dritte ist die soziale Revolution. Ich schließe daraus, daß letztere allein, viel mehr wenigstens als alle theoretische Propaganda der Freidenker, imstande sein wird, den religiösen Glauben und die Ausschweifungsgewohnheiten im Volk bis zu ihren letzten Spuren zu zerstören, einen Glauben und Gewohnheiten, die viel enger miteinander verknüpft sind, als man gemeinhin glaubt; durch Ersatz der gleichzeitig trügerischen und niedrigen Genüsse dieser körperlichen und geistigen Zügellosigkeit durch die ebenso feinen wie wirklichen

Genüsse der in jedem und in allen sich vollständig entwickelnden Menschheit, wird die soziale Revolution allein die Macht haben, gleichzeitig alle Wirtshäuser und alle Kirchen zu schließen.

Bis dahin wird die Masse des Volkes glauben und wird dabei, wenn auch nicht die Vernunft, so doch wenigstens das Recht, dies zu tun, auf seiner Seite haben.

Es gibt eine Menschenklasse, die, wenn sie auch nicht selbst glauben, sich doch wenigstens gläubig stellen müssen. Das sind Folterer, Unterdrücker und Ausbeuter der Menschheit. Geistliche, Monarchen, Staatsmänner, Krieger, öffentliche und private Finanziers, Beamte aller Art, Polizisten, Gendarmen, Kerkermeister und Henker, Monopolisten, Kapitalisten, Steuereintreiber, Unternehmer und Hausbesitzer, Advokaten, Qkonomisten, Politiker aller Farben, bis zum letzten Philister, alle wiederholen einstimmig die Worte Voltaires:

Wenn es keinen Gott gäbe, müßte man einen erfinden. Denn, ihr versteht, das Volk braucht eine Religion. Sie ist das Sicherheitsventil.

Es gibt endlich eine ziemlich zahlreiche Klasse ehrlicher, aber schwacher Seelen, die zu intelligent sind, um die christlichen Dogmen ernst zu nehmen und sie im einzelnen verwerfen, aber nicht die nötige Kraft und Entschlossenheit haben, sie als Ganzes zu verwerfen. Sie geben alle speziellen Unsinnigkeiten der Religion der Kritik preis, sie weisen alle Wunder zurück, aber sie klammern sich verzweifelt an den Hauptunsinn, der die Quelle aller anderen ist, an das Wunder, das alle anderen Wunder erklärt und rechtfertigt, an das Dasein Gottes. Ihr Gott ist nicht das starke und mächtige Wesen, der brutal positive Gott der Theologie. Er ist ein nebelhaftes durchsichtiges und trügerisches Wesen, so trügerisch, daß, wenn man ihn zu packen glaubt, er sich in das Nichts verwandelt; er ist eine Spiegelung, ein Irrlicht, das weder wärmt noch erhellt. Und doch halten sie an ihm fest und glauben, daß mit seinem Verschwinden alles mit ihm verschwinden würde. Das sind unentschlossene krankhafte Seelen, die sich in der heutigen Kultur nicht zurechtfinden, die weder der Gegenwart noch der Zukunft angehören, blasse Phantome, die ewig zwischen Himmel und Erde hängen und die sich in derselben Stellung zwischen der Bourgeoispolitik und dem Sozialismus des Proletariats befinden. Sie fühlen sich nicht stark genug, einen Gedanken bis zu Ende zu denken, zu wollen und sich zu entschließen, und sie verlieren ihre Zeit und Mühe damit, immer das Unversöhnliche versöhnen zu wollen. Im öffentlichen Leben nennt man sie Bourgeoissozialisten.

Eine Diskussion ist weder mit ihnen, noch gegen sie möglich. Sie sind zu krank.

Es gibt aber eine kleine Zahl ausgezeichneter Männer, von denen niemand ohne Achtung zu sprechen wagt und deren kräftige Gesundheit, Geistesstärke und guten Glauben niemand zu bezweifeln sich träumen läßt. Es genügt, Mazzini, Michelet, Quinet, Lohn Stuart Mill [4] zu nennen. Sie alle sind edle und starke Seelen, große Herzen , große Geister, große Schriftsteller, besonders was Mazzini, den heldenhaften und revolutionären Wiedererwecker einer großen Nation betrifft; sie alle sind Vertreter des Idealismus und Verächter, leidenschaftliche Gegner des Materialismus, folglich auch des Sozialismus, in der Philosophie wie in der Politik.

Gegen sie also muß dies Frage erörtert werden.

Stellen wir zunächst fest, daß keiner der erwähnten ausgezeichneten Männer und kein anderer halbwegs bedeutender idealistischer Denker unserer Zeit sich mit der logischen Seite dieser Frage im engeren Sinn beschäftigt hat. Keiner versuchte, philosophisch die Möglichkeit des göttlichen salto mortale von den ewigen und reinen Regionen des Geistes in den Schlamm der materiellen Welt zu lösen. Fürchteten sie, an diesen unlösbaren Widerspruch heranzugehen, verzweifelten sie an seiner Lösung, nachdem dieselbe den größten Genies der Geschichte fehlgeschlagen, oder betrachteten sie ihn schon als hinreichend gelöst? Das ist das Geheimnis. Tatsache ist, daß sie die theoretische Darlegung, der Existenz eines Gottes beiseite ließen und nur ihre praktischen Gründe und Folgerungen entwickelten. Sie alle sprachen davon wie von einer allgemein angenommenen Tatsache, die als solche keinem Zweifel mehr unterliegen kann, und beschränkten sich – an Stelle jedes Beweises – das Alter und die Allgemeinheit des Glaubens an Gott festzustellen.

Diese eindrucksvolle Einstimmigkeit gilt in den Augen vieler ausgezeichneter Männer und Autoren so, um nur die berühmtesten zu nennen, nach der beredt ausgedrückten Meinung Joseph de Maistres und der des großen italienischen Patrioten Giuseppe Mazzini, mehr als alle Nachweise der Wissenschaft. Wenn die Logik einer kleinen Zahl konsequenter und sogar sehr großer, aber alleinstehender Denker zu einem gegenteiligen Ergebnis führt, so sagen sie, dies sei umso schlimmer für diese Denker und ihre Logik, denn die allgemeine Zustimmung zu einer Idee, ihre allgemeine Annahme von altersher wurden immer als siegreichster Beweis für eine Wahrheit betrachtet. Das Gefühl der ganzen Welt, eine überall und immer auftretende und sich behauptende Überzeugung könnten nicht fehlgehen. Sie müßten ihre Wurzeln in einer im Wesen des Menschen selbst liegenden Notwendigkeit haben. Und da festgestellt wurde, daß alle Völker der Vergangenheit und Gegenwart an das Dasein Gottes glaubten und noch glauben, ist klar, daß die, die so unglücklich sind, daran zu zweifeln, trotz aller Logik, die sie zu diesem Zweifel brachte, abnormale Ausnahmen, Monströsitäten sind.

Das Alter und die Allgemeinheit eines Glaubens also soll, gegen alle Wissenschaft und Logik, ein hinreichender und unwiderleglicher Beweis für seine Richtigkeit sein. Warum dies?

Bis zum Jahrhundert von Kopernikus und Galilei glaubte alle Welt, die Sonne drehe sich um die Erde. Hat sich nicht alle Welt geirrt? Was ist älter und allgemeiner als die Sklaverei? Die Menschenfresserei vielleicht. Seit Beginn der geschichtlichen Gesellschaft bis heute gab es immer und überall Ausbeutung der erzwungenen Arbeit der Massen, von Sklaven, Leibeigenen oder Lohnarbeitern durch eine herrschende Minderheit, Unterdrückung der Völker durch Kirche und Staat. Man muß daraus schließen, daß diese Ausbeutung und Unterdrückung der menschlichen Gesellschaft absolut verbundene Notwendigkeit sind? Diese Beispiele zeigen, daß das Beweismittel der Verteidiger des Herrgotts nichts beweist.

Nichts ist tatsächlich so allgemein und so alt, als das Unrechte und Unsinnige; Wahrheit und Gerechtigkeit dagegen sind in der Entwicklung der menschlichen Gesellschaften am wenigsten allgemein verbreitet und am jüngsten. Dies erklärt auch die ständige historische Erscheinung unerhörter Verfolgungen, deren Gegenstand ihre ersten Verkünder seitens der offiziellen, patentierten und interessierten Vertreter der ‚allgemeinen‘ und ‚alten‘ Glaubensdogmen stets waren und noch sind, oft auch seitens derselben Volksmassen, die nachdem sie die ersten Verkünder gehörig gemartert, stets deren Ideen schließlich annehmen und zum Sieg führen.

Uns Materialisten und revolutionären Sozialisten erstaunt und erschreckt diese geschichtliche Erscheinung in keiner Weise. Gestützt auf unser Gewissen, auf unsere Liebe zur Wahrheit um jeden Preis, auf die Leidenschaft für die Logik, die an sich alleine eine große Macht bildet, und außerhalb welcher es kein Denken gibt; gestützt auf unsere Leidenschaft für die Gerechtigkeit und unseren unerschütterlichen Glauben an den Sieg der Menschlichkeit über alle theoretischen und praktischen Bestialitäten; gestützt endlich auf das gegenseitige Vertrauen und die Hilfe, die die kleine Zahl unserer Gleichgesinnten einander geben, nehmen wir alle Folgen dieser geschichtlichen Erscheinung auf uns, da wir in ihr die Äußerung eines sozialen Gesetzes sehen, das ebenso natürlich, notwendig und unabänderlich ist, wie alle anderen, die Welt lenkenden Gesetze. Dieses Gesetz ist eine logische und unvermeidliche Folge des tierischen Ursprungs der menschlichen Gesellschaft; es ist aber, angesichts aller wissenschaftlichen, physiologischen, psychologischen und historischen Beweise, die sich in unserer Zeit angehäuft haben und angesichts einer so glänzenden Darlegung durch die Taten der Deutschen als Eroberer Frankreichs, wirklich nicht möglich, an diesem Ursprung zu zweifeln. Wenn man aber diesen tierischen Ursprung des Menschen annimmt, erklärt sich alles. Die Geschichte erscheint uns dann als revolutionäre Verneinung der Vergangenheit, bald langsam, stumpfsinnig und verschlafen, bald leidenschaftlich und mächtig. Sie besteht in der fortschreitenden Verneinung der ursprünglichen tierischen Natur des Menschen durch die Entwicklung seiner Menschlichkeit. Der Mensch, ein wildes Tier, ein Verwandter des Gorilla, ging von der tiefen Nacht des tierischen Instinkts aus, um zum Licht des Geistes zu gelangen, was all seine vergangenen Verwirrungen ganz natürlich erklärt und uns zum Teil über seine gegenwärtigen Irrtümer tröstet. Von der tierischen Sklaverei ausgehend, durchschritt er die göttliche Sklaverei, einen Zwischenzustand zwischen seiner

Tierheit und Menschlichkeit, und heute schreitet er zur Eroberung und Verwirklichung seiner menschlichen Freiheit.

Daraus folgt, daß das Alter eines Glaubens, einer Idee, weit entfernt, etwas zu deren Gunsten zu beweisen, sie uns im Gegenteil verdächtig erscheinen lassen muß. Denn hinter uns liegt unsere Tierheit, vor uns unsere Menschlichkeit, und das menschliche Licht, das einzige, das uns erwärmen und erleuchten kann, das einzige, das uns befreien, uns würdig, frei und glücklich machen und die Brüderlichkeit unter uns verwirklichen kann – dieses Licht leuchtet nie am Anfang, sondern, je nach der Zeit, in der man lebt, stets am Ende der Geschichte. Schauen wir also nie rückwärts, schauen wir immer vorwärts, denn vor uns ist unsere Sonne und unser Heil, und wenn es erlaubt, ja sogar nützlich und notwendig ist, zurückzuschauen, um unsere Vergangenheit zu studieren, dann geschieht dies nur, um festzustellen, was wir glaubten und dachten und was wir nicht mehr glauben und denken dürfen, was wir getan und was wir niemals wieder tun dürfen.

Soweit über das Alter. Was die Allgemeinheit eines Irrtums betrifft, so beweist dieselbe nur eines: die Ähnlichkeit, wenn nicht die völlige Gleichheit der menschlichen Natur in allen Zeiten und Zonen. Und da feststeht, daß alle Völker, zu allen Zeiten ihrer Geschichte an Gott glaubten und noch glauben, müssen wir daraus einfach schließen, daß die aus uns selbst hervorgegangene Gottesidee ein in der Entwicklung der Menschheit geschichtlich notwendiger Irrtum ist, und uns fragen, warum und wie sie entstand und warum die ungeheure Mehrheit der Menschheit sie noch heute als wahr annimmt.

Solange wir uns nicht erklären können, wie die Idee einer übernatürlichen oder göttlichen Welt in der geschichtlichen Entwicklung des menschlichen Bewußtseins entstand und notwendigerweise entstehen mußte, so lange mögen wir wohl wissenschaftlich von der Sinnlosigkeit dieser Idee überzeugt sein, wir werden sie aber in der Meinung der Mehrheit nie zerstören können. Denn wir wären nie imstande, sie in denselben Tiefen des menschlichen Wesens zu zerstören, in denen sie entstand und zu einem unfruchtbaren, aussichts- und endlosen Kampf verurteilt, müßten wir uns immer begnügen, sie nur an der Oberfläche zu bekämpfen, in ihren zahllosen Äußerungen, deren kaum vom gesunden Menschenverstand erkannte Sinnlosigkeit sofort in neuer und nicht weniger sinnloser Form wieder entstehen würde. Solange die Wurzel aller die Welt marternden Sinnlosigkeiten, der Glaube an Gott, unberührt bleibt, wird sie stets neue Früchte zeitigen. So beginnt in unseren Tagen, in gewissen Kreisen der höchsten Gesellschaft, der Spiritismus sich auf den Ruinen des Christentums festzusetzen.

Nicht nur im Interesse der Massen, auch im Interesse der Gesundheit unseres eigenen Geistes müssen wir uns bemühen, das geschichtliche Werden der Gottesidee, die Reihe der Ursachen, welche diese Idee im Bewußtsein der Menschen erzeugten und entwickelten, zu begreifen. Wenn wir uns auch Atheisten nennen und für solche halten, solange wir diese Ursachen nicht verstanden haben, werden wir uns stets mehr oder weniger von dem Lärm dieses allgemeinen Gewissens beherrschen lassen, dessen Geheimnis wir nicht herausgefunden ha ben, und bei der natürlichen Schwäche selbst des Stärksten gegenüber dem allmächtigen Einfluß des sozialen Milieus, das ihn umgibt, riskieren wir stets früher oder später, auf die eine oder andere Art, in den Abgrund der religiösen Sinnlosigkeit zurückzufallen. Beispiele solcher schmachvoller Bekehrungen sind in der heutigen Gesellschaft häufig.

* * *

Ich führte den Hauptgrund der noch heute von dem religiösem Glauben auf die Massen ausgeübten Macht an. Diese mystischen Neigungen bezeichnen bei den Massen nicht so sehr eine Verirrung des Geistes, als tiefe innere Unzufriedenheit. Sie sind der instinktive und leidenschaftliche Aufschrei des menschlichen Wesens gegen die Enge, die Flachheit, die Schmerzen und die Schande des erbärmlichen Lebens. Gegen diese Krankheit, sagte ich, gibt es nur ein einziges Mittel: die soziale Revolution.

Im Anhang suchte ich die Ursachen der Entstehung der religiösen Hirngespinste im Menschenbewußtsein auseinanderzusetzen. Hier will ich die Frage der Existenz eines Gottes oder eines göttlichen Ursprungs der Welt und des Menschen nur vom Standpunkt ihrer moralischen und sozialen Nützlichkeit behandeln und über die theoretische Ursache dieses Glaubens nur wenige Worte sagen, um meine Gedanken besser klarzumachen.

Alle Religionen, mit ihren Göttern, Halbgöttern, Propheten, Erlösern und Heiligen wurden von der leichtgläubigen Phantasie von Menschen geschaffen, die noch nicht zur vollen Entwicklung und zu Vollbesitz ihrer geistigen Fähigkeiten gelangt waren; der Himmel der Religion ist also nichts als eine Lichtspiegelung, in der der Mensch, von Unwissenheit und Glauben überspannt, sein eigenes Bild wiedersieht, aber vergrößert und verkehrt, d.h. vergöttlicht. Die Geschichte der Religionen, die des Ursprungs, der Größe und des Verfalls der Götter, wie sie im menschlichen Glauben aufeinander folgten, ist also nichts als die Entwicklung der Intelligenz und des kollektiven Bewußtseins der Menschen. Je nachdem sie auf ihrem geschichtlichen Vormarsch in sich selbst oder in der äußeren Natur eine Kraft, eine Fähigkeit oder selbst einen großen Fehler fanden, übertrugen sie dieselben durch einen Akt ihrer religiösen Phantasie auf ihre Götter, übertrieben, ins maßlose ausgedehnt, wie Kinder zu tun pflegen. Dank dieser Bescheidenheit und frommen Großmütigkeit der gläubigen und leichtgläubigen Menschen bereicherte sich der Himmel durch das, was der Erde geraubt wurde, und konsequenter Weise wurden die Menschheit, die Erde desto elender, je reicher der Himmel wurde. Sobald einmal die Gottheit eingesetzt war, wurde sie natürlich als Grund, Ursache, Schiedsrichter und absoluter Verfüger über alle Dinge proklamiert: die Welt war nichts mehr, die Gottheit alles, und der Mensch, ihr wahrer Schöpfer, der sie ohne sein Wissen aus dem Nichts herausgezogen, beugte sein Knie vor ihr, betete sie an und erklärte sich als ihr Geschöpf und ihr Sklave.

Das Christentum ist gerade die Religion par excellence, weil es in seiner Ganzheit die Natur, das eigentliche Wesen jedes religiösen Systems ausdrückt und äußert, nämlich die Verarmung, die Versklavung und die Vernichtung der Menschheit zum Vorteil der Gottheit.

Da Gott alles ist, sind die wirkliche Welt und der Menschen nichts. Da Gott die Wahrheit, die Gerechtigkeit, das Gute, das Schöne, die Macht und das Leben ist, ist der Mensch die Lüge, das Schlechte, das Übel, die Häßlichkeit, die Ohnmacht und der Tod. Da Gott der Herr ist, ist der Mensch der Sklave. Der Mensch ist unfähig, die Gerechtigkeit, die Wahrheit und das ewige Leben selbst zu finden und kann sie nur durch göttliche Offenbarung erlangen. Wer aber Offenbarung sagt, sagt auch Offenbarer, Erlöser, Propheten, Priester und Gesetzgeber, die Gott selbst erleuchtete, und sobald diese einmal als Vertreter der Gottheit auf der Erde anerkannt sind, als die heiligen Lehrer der Menschheit, die Gott selbst auserwählte, um die Menschheit auf den Weg des Heils zu leiten, müssen sie notwendigerweise absolute Macht ausüben. Alle Menschen schulden ihnen unbegrenzten und demütigen Gehorsam; denn gegenüber der göttlichen Vernunft gibt es keine menschliche Vernunft, und vor der Gerechtigkeit Gottes bleibt keine irdische Gerechtigkeit bestehen. Als Sklaven Gottes müssen die Menschen auch Sklaven der Kirche und des Staates sein, insoweit als der Staat von der Kirche geheiligt ist. Dies begriff von allen bestehenden und vergangenen Religionen das Christentum am besten, nicht ausgenommen selbst die alten orientalischen Religionen, welche übrigens nur bestimmte bevorrechtete Völker umfaßten, während das Christentum den Anspruch hat, die ganze Menschheit zu umfassen, und von allen christlichen Sekten hat der römische Katholizismus allein dies mit strenger Konsequenz verkündet und verwirklicht. Deshalb ist das Christentum die absolute Religion, die letzte Religion, und die römisch-apostolische Kirche die einzig konsequente, rechtmäßige, göttliche.

Ob es also den Metaphysikern und religiösen Idealisten, Philosophen, Politikern oder Dichtern gefällt oder nicht: die Gottesidee enthält die Abdankung der menschlichen Vernunft und Gerechtigkeit in sich, sie ist die entschiedenste Verneinung der menschlichen Freiheit und führt notwendigerweise zur Versklavung der Menschen, in Theorie und Praxis.

Wenn wir also nicht die Versklavung und Herabwürdigung des Menschen wollen, wie die Jesuiten, die protestantischen limiers, Pietisten oder Methodisten, dann können und dürfen wir dem Gott der Theologie und dem Gott der Metaphysik nicht das geringste Zugeständnis machen. Denn wer in diesem geheimnisvollen Alphabet A sagt, sagt schließlich unvermeidlich auch Z, und wer Gott anbeten will, muß ohne sich kindische Illusionen zu machen, tapfer auf seine Freiheit und Menschlichkeit verzichten.

Wenn Gott existiert, ist der Mensch ein Sklave; der Mensch kann und soll aber frei sein: folglich existiert Gott nicht.

Ich fordere jeden auf, diesem Kreis zu entgehen, und nun mag man wählen.

* * *

Muß man daran erinnern, wie sehr und wie die Religionen die Völker verdummen und verderben? Sie töten in ihnen die Vernunft, dieses Hauptwerkzeug der menschlichen Befreiung, und führen sie zum Schwachsinn, der wesentlichen Voraussetzung ihrer Sklaverei. Sie entehren die menschliche Arbeit und machen sie zum Zeichen und zur Quelle der Knechtschaft. Sie töten Begriff und Gefühl der menschlichen Gerechtigkeit und lassen die Waagschale immer sich auf der Seite der triumphierenden Schurken, der bevorrechteten Auserwählten der göttlichen Gnade neigen. Sie töten menschlichen Stolz und Würde und schützen nur die Kriechenden und Demütigen. Sie ersticken im Herz der Völker jedes Gefühl menschlicher Brüderlichkeit und erfüllen es mit göttlicher Grausamkeit.

Alle Religionen sind grausam, alle sind auf Blut gegründet; denn alle ruhen hauptsächlich auf der Idee des Opfers, das heißt auf der beständigen Opferung der Menschheit zugunsten der unersättlichen Rache der Gottheit. In diesem blutigen Geheimnis ist der Mensch immer das Opfer, und der Priester, auch ein Mensch, aber ein durch die Gnade bevorrechteter, ist der göttliche Henker. Dies erklärt uns, warum die Priester aller Religionen, die besten, die menschlichsten, die sanftesten beinahe immer auf dem Grund ihres Herzens – und wenn nicht im Herzen, in ihrer Einbildung, ihrem Geist (und man kennt den furchtbaren Einfluß beider auf das Herz des Menschen), – warum, sage ich, in den Gefühlen jedes Priesters etwas grausames und blutdürstiges liegt.

* * *

All das wissen unsere ausgezeichneten Idealisten der Gegenwart besser als irgendjemand. Sie sind gelehrte Leute, die ihre Geschichte kennen, und da sie gleichzeitig lebende Menschen sind, große Seelen, von aufrichtiger und tiefer Liebe zur Menschheit durchdrungen, so verfluchten und brandmarkten sie all diese Untaten, all diese Verbrechen der Religionen mit unerreichter Beredsamkeit. Mit Entrüstung weisen sie jede Gemeinschaftlichkeit mit dem Gott der positiven Religionen und ihren vergangenen und gegenwärtigen irdischen Vertretern zurück.

Der Gott, den sie anbeten oder anzubeten glauben, unterscheidet sich von den wirklichen Göttern der Geschichte gerade dadurch, daß er durchaus kein positiver und auf irgend eine Weise, theologisch oder selbst metaphysisch bestimmter Gott ist. Er ist weder das höchste Wesen Robespierres und Jean Jacques Rousseaus, noch der pantheistische Gott Spinozas, noch der gleichzeitig immanente und transzendente und sehr zweideutige Gott Hegels. Sie hüten sich, ihm irgendeine positive Bestimmung zu geben, da sie sehr gut fühlen, daß eine solche Bestimmung ihn der zersetzenden Tätigkeit der Kritik preisgeben würde. Sie werden nie sagen, ob es ein persönlicher oder unpersönlicher Gott ist, ob er die Welt erschaffen hat oder nicht; sie sprechen nicht einmal von seiner göttlichen Vorsehung. All das könnte ihn bloßstellen. Sie werden sich begnügen zu sagen: „Gott" und nichts weiter. Aber was ist dann ihr Gott? Nicht einmal eine Idee, sondern ein bloßer Hauch.

Er ist der Gattungsname für alles, das ihnen groß, gut, schön, edel, menschlich erscheint. Aber warum sagen sie dann nicht: „Mensch"? Ach, weil König Wilhelm von Preußen und Napoleon III. und alle ihresgleichen auch Menschen sind, und dies setzt sie in große Verlegenheit. Die wirkliche Menschheit bildet eine Verbindung des Erhabensten und Schönsten und des Erbärmlichsten und Ungeheuerlichsten, was es gibt. Wie kommen sie aus dieser Verlegenheit heraus? Sie nennen das eine göttlich, das andere tierisch, und stellen sich die Göttlichkeit und die Animalität als zwei Pole vor, zwischen die sie die Menschheit stellen. Sie wollen oder können nicht begreifen, daß diese drei Ausdrücke nur einen einzigen bilden und daß man sie zerstört, wenn man sie trennt.

Sie sind in der Logik nicht stark und man möchte glauben, daß sie sie verachten. Das unterscheidet sie von den pantheistischen und deistischen Metaphysikern und drückt ihren Ideen den Charakter eines praktischen Idealismus auf, der sein Trachten viel weniger aus der strengen Entwicklung eines Gedanken schöpft, als aus den geschichtlichen, kollektiven und individuellen Erfahrungen, beinahe sage ich Bewegungen des Lebens. Dies gibt ihrer Propaganda einen Schein von Reichtum und Lebenskraft, aber nur einen Schein; denn das Leben selbst wird unfruchtbar, wenn es von einem logischen Widerspruch gelähmt wird.

Dieser Widerspruch ist folgender: sie wollen Gott und sie wollen die Menschheit. Sie versteifen sich darauf, zwei Begriffe zusammenzubringen, die, einmal getrennt, sich nur wieder treffen können, um sich gegenseitig zu zerstören. Sie sagen in einem Atemzug: „Gott und die Freiheit des Menschen“, „Gott und die Würde, Gerechtigkeit, Gleichheit, Brüderlichkeit, das Wohl der Menschen“, – ohne sich um die unvermeidliche Logik zu kümmern, nach welcher, wenn Gott existiert, alles zum Nichtvorhandensein verurteilt ist. Denn wenn Gott existiert, ist er notwendigerweise der ewige, höchste, absolute Herr, und wenn ein solcher Herr da ist, ist der Mensch der Sklave; wenn er aber Sklave ist, sind für ihn weder Gerechtigkeit, noch Gleichheit, Brüderlichkeit, Wohlfahrt möglich. Mögen diese Idealisten sich immer gegen den gesunden Menschenverstand und alle geschichtliche Erfahrung, ihren Gott von der zartesten Liebe für die Menschheit beseelt vorstellen: ein Herr, was immer er tun und wie freiheitlich er sich zeigen mag, bleibt nichtsdestoweniger ein Herr, und seine Existenz schließt notwendigerweise die Sklaverei von allem, das unter ihm ist, ein. Wenn also Gott existierte, gäbe es für ihn nur ein einziges Mittel, der menschlichen Freiheit zu dienen: aufhören zu existieren.

Als eifersüchtiger Anhänger der menschlichen Freiheit, die ich als die unbedingte Grundbedingung von allem, das wir in der Menschheit verehren und achten, ansehe, drehe ich Voltaires Satz um und sage: *wenn Gott wirklich existierte, müßte man ihn beseitigen.*

* * *

Die strenge Logik, die mir diese Worte diktiert, ist zu klar, als daß ich diesen Gedankengang weiter entwickeln müßte. Und es scheint mir unmöglich, daß dies den erwähnten ausgezeichneten Männern, deren Namen so berühmt und so mit Recht geachtet sind, nicht selbst aufgefallen ist und daß sie den Widerspruch nicht bemerken, der darin hegt, daß sie gleichzeitig von Gott und von der menschlichen Freiheit sprachen. Zur Nichtbeachtung des Widerspruchs muß sie der Gedanke veranlaßt haben, daß diese Inkonsequenz und diese Hintansetzung der Logik in der Praxis zum Besten der Menschheit notwendig ist.

Vielleicht verstehen sie auch die Freiheit , von der sie als von einer von ihnen sehr geachteten, ihnen sehr lieben Sache sprechen, in ganz anderem Sinn, als wir Materialisten und revolutionäre Sozialisten sie auffassen. Sie sprechen tatsächlich nie von ihr, ohne sofort ein anderes Wort hinzuzufügen, das Wort Autorität, ein Wort und eine Sache, die wir aus vollem Herzen verabscheuen.

Was ist Autorität? Ist es die unvermeidliche Macht der Naturgesetze, die sich in der Verkettung und notwendigen Aufeinanderfolge der Erscheinungen der physischen und sozialen Welt äußern? Gegen diese Gesetze ist tatsächlich die Empörung nicht nur verboten, sondern auch unmöglich. Wir mögen sie verkennen oder noch nicht kennen, aber wir können ihnen nicht ungehorsam sein, weil sie die Grundlage und Grundbedingung unseres Daseins sind; sie umgeben und durchdringen uns, regeln all unsere Bewegungen, Gedanken, Handlungen, so daß, selbst wenn wir ihnen ungehorsam zu sein glauben, wir nur ihre Allmacht beweisen.

Ja, wir sind unbedingt die Sklaven dieser Gesetze. Aber es liegt nichts Erniedrigendes in dieser Sklaverei oder vielmehr, es ist gar keine Sklaverei. Denn Sklaverei setzt einen äußeren Herrn, einen Gesetzgeber voraus, der sich außerhalb diesjenigen befindet, dem er gebietet; diese Gesetze liegen aber nicht außer uns, sie sind uns eigen, bilden unser Wesen, unser ganzes körperliches, geistiges, moralisches Wesen; wir leben, atmen, handeln, denken und wollen nur durch sie. Außerhalb ihrer sind wir nichts, existieren wir nicht. Woher käme uns also die Macht und der Wille, uns gegen sie zu empören.

Den Naturgesetzen gegenüber ist für den Menschen nur eine Freiheit möglich: sie zu erkennen und sie immer mehr seinem Ziel der kollektiven und individuellen Befreiung und Humanisierung entsprechend anzuwenden. Sind diese Gesetze erst einmal erkannt, üben sie eine von der Masse der Menschen nie erörterte Autorität aus. Man muß zum Beispiel ein Narr oder ein Theologe, oder wenigstens ein Metaphysiker, Jurist oder Bourgeoisökonom sein, um sich gegen das Gesetz, daß zweimal zwei vier ist, zu empören. Man muß Glauben besitzen, um sich einzubilden, daß man im Feuer nicht verbrennt und im Wasser nicht ertrinkt, außer man nimmt zu irgendetwas Zuflucht, das auch wieder auf einem anderen Naturgesetz beruht. Aber diese Empörung oder vielmehr die Versuche oder tollen Einbildungen einer unmöglichen Empörung bilden nur eine seltene Ausnahme; denn im Allgemeinen kann man sagen, daß die Masse der Menschen im täglichen Leben beinahe unbedingt von gesundem Menschenverstand, das heißt von der Summe der allgemein anerkannten Naturgesetze, geleitet wird.

Das große Unglück ist, daß eine große Menge von der Wissenschaft schon anerkannter Naturgesetze den Volksmassen unbekannt bleibt, Dank der Sorgfalt der bevormundenden Regierungen, die bekanntlich nur zum Besten der Völker da sind. Ein anderer Nachteil ist der, daß der größte Teil der auf die Entwicklung der menschlichen Gesellschaft bezüglichen Naturgesetze, die ebenso notwendig, unveränderlich, unvermeidlich sind wie die die physische Welt regierenden Gesetze, noch nicht von der Wissenschaft hinreichend festgestellt und erkannt sind.

Sobald sie einmal von der Wissenschaft erkannt und aus der Wissenschaft durch ein großes System der Volkserziehung und des Volksunterrichts in das Bewußtsein aller übergegangen sein werden, wird die Frage der Freiheit vollständig gelöst sein.

Die verbissensten Verfechter der Autorität müssen zugeben, daß dann politische Organisation, Leitung, und Gesetzgebung nicht mehr nötig sein werden, drei Dinge, die, mögen sie dem Willen des Herrschers oder den Abstimmungen eines vom allgemeinen Stimmrecht gewählten Parlaments entspringen und mögen sie selbst dem System der Naturgesetze entsprechen, stets auf gleiche Weise der Freiheit der Massen verhängnisvoll und feindlich sind, weil sie ihnen ein System äußerlicher und daher despotischer Gesetze aufzwingen.

Die Freiheit des Menschen besteht einzig darin, daß er den Naturgesetzen gehorcht, weil er sie selbst als solche erkannt hat und nicht, weil sie ihm von außen her von irgendeinem fremden Willen, sei er göttlich oder menschlich, kollektiv oder individuell, auferlegt sind.

Man nehme eine wissenschaftliche Körperschaft, die aus den erleuchtetsten Vertretern der Wissenschaft besteht; man nehme an, sie sei mit der Gesetzgebung, mit der Organisation der Gesellschaft beauftragt, sei von der lautersten Wahrheitsliebe erfüllt und erlasse nur Gesetze, die unbedingt den neuesten Entdeckungen der Wissenschaft entsprechen. Nun, ich behaupte, daß diese Gesetzgebung und Organisation Ungeheuerlichkeiten sein werden, und zwar aus zwei Gründen: Erstens, weil die menschliche Wissenschaft immer notwendigerweise unvollkommen ist und man, wenn man das schon Entdeckte mit dem noch nicht Entdeckten vergleicht, von ihr sagen kann, daß sie noch immer in der Wiege liegt. Wenn man also das praktische Leben der Gesellschaft und des Einzelnen zwingen würde, sich streng und ausschließlich der letzten Ergebnissen der Wissenschaft anzupassen, würde man Gesellschaft und Individuen zu den Qualen eines Prokrustesbettes verurteilen, das sie bald zerzerren und erdrücken würde, da das Leben immer unendlich weiter ist als die Wissenschaft.

Der zweite Grund ist der: Eine Gesellschaft, die den von einer wissenschaftlichen Körperschaft gegebenen Gesetzen nicht deshalb gehorchen würde, weil sie selbst den vernünftigen Charakter dieser Gesetze begriff, in welchem Fall die Existenz der Körperschaft unnötig würdⅡ, ohne sie zu begreifen, – eine solche Gesellschaft wäre nicht eine Gesellschaft von Menschen sondern von stummen Tieren. Sie wäre eine zweite Auflage der armen Republik Paraguay, die sich so lange von der Gesellschaft Jesu regieren ließ. Eine solche Gesellschaft würde bald auf die tiefste Stufe des Blödsinns herabsinken.

Ein dritter Grund noch macht eine solche Regierung unmöglich. Eine mit solcher absoluten Herrschaftsgewalt bekleidete wissenschaftliche Körperschaft würde, auch wenn sie aus den erleuchtetsten Männer bestände, unfehlbar und bald selbst moralisch und geistig verdorben werden. Dies ist schon heute bei den wenigen ihnen überlassenen Vorrechten die Geschichte aller Akademien. Das größte wissenschaftliche Genie sinkt unvermeidlich und schläft ein, sobald es Akademiker, offizieller, patentierter Gelehrter wird. Es verliert seine Selbstbestimmung, seine revolutionäre Kühnheit und die unbequeme und wilde Tatkraft, die für das Wesen der größten Genies charakteristisch ist, die stets berufen sind, hinfällige Welten zu zerstören und die Grundlagen neuer Welten zu legen. Zweifellos gewinnt es an Höflichkeit, nützlicher und praktischer Weisheit, was es an Denkkraft verliert. Es wird, mit einem Wort, verdorben.

Vorrechte, jede bevorrechtete Stellung haben die Eigentümlichkeit, Geist und Herz der Menschen zu töten. Der politisch oder wirtschaftlich Bevorzugte ist geistig und moralisch minderwertig. Dieses soziale Gesetz kennt keine Ausnahme und passt auf ganze Nationen wie auf Klassen, auf Körperschaften und auf Individuen. Es ist das Gesetz der Gleichheit, der höchsten Bedingung der Freiheit und Menschlichkeit. Der Hauptzweck dieses Buches ist, dasselbe zu entwickeln und seine Wahrheit in allen Äußerungen menschlichen Lebens zu zeigen.

Eine wissenschaftliche Körperschaft, welcher die Regierung der Gesellschaft anvertraut wäre, würde sich bald gar nicht mehr mit der Wissenschaft, sondern mit ganz anderen Dingen beschäftigen; sie würde, wie alle bestehenden Mächte, sich damit befassen, sich ewige Dauer zu verschaffen, indem sie die ihr anvertraute Gesellschaft immer dümmer und folglich ihrer Regierung und Leitung immer bedürftiger machen würde.

Was aber von wissenschaftlichen Akademien gilt, gilt in gleicher Weise von allen konstituierenden und gesetzgebenden Versammlungen, selbst den aus dem allgemeinen Stimmrecht hervorgegangenen. Letztere mag zwar ihre Zusammensetzung erneuern, was aber nicht hindert, daß sich in wenigen Jahren eine Körperschaft von Politikern bildet, die tatsächlich, nicht rechtlich bevorrechtet sind und durch ihre ausschließliche Beschäftigung mit den öffentlichen Angelegenheiten eines Landes eine Art politischer Aristokratie und Oligarchie bilden. Ein Beispiel dafür sind die Vereinigten Staaten und die Schweiz.

Also keine Gesetzgebung von außen her und keine Autorität; beide sind voneinander unzertrennlich und führen zur Knechtung der Gesellschaft und zur Verdummung der Gesetzgeber selbst.

* * *

Folgt hieraus, daß ich jede Autorität verwerfe? Dieser Gedanke hegt mir fern. Wenn es sich um Stiefel handelt, wende ich mich an die Autorität des Schusters; handelt es sich um ein Haus, einen Kanal oder eine Eisenbahn, so befrage ich die Autorität des Architekten und des Ingenieurs. Für irgendeine Spezialwissenschaft wende ich mich an diesen oder jenen Gelehrten. Aber weder der Schuster, noch der Architekt und der Gelehrte dürfen mir ihre Autorität aufzwingen. Ich höre sie frei an und mit aller ihrer Intelligenz, ihrem Charakter, ihrem Wissen gebührender Achtung, behalte ich mir aber mein unbestreitbares Recht der Kritik und der Nachprüfung vor. Ich begnüge mich nicht, eine einzige Spezialautorität zu befragen, ich befrage mehrere, vergleiche ihre Meinungen und wähle die, die mir die richtigste zu sein scheint. Aber ich erkenne keine unfehlbare Autorität an, selbst nicht in ganz speziellen Fragen; folglich, welche Achtung ich auch immer für die Ehrlichkeit und Aufrichtigkeit einer Person habe, setze ich in niemanden unbedingten Glauben. Ein solcher Glaube wäre verhängnisvoll für mein Vernunft, meine Freiheit und den Erfolg meines Unternehmens, er würde mich sofort in einen dummen Sklaven und ein Werkzeug des Willens und der Interessen anderer verwandeln.

Wenn ich mich vor der Autorität von Spezialisten beuge und bereit bin, ihren Angaben und selbst ihrer Leitung in gewissem Grade und solange es mir notwendig erscheint, zu folgen, tue ich das, weil mir diese Autorität von niemandem aufgezwungen ist, nicht von den Menschen und nicht von Gott. Sonst würde ich sie mit Abscheu zurückweisen und ihre Ratschläge, ihre Leitung und ihre Wissenschaft zum Teufel jagen, in der Gewißheit, daß sie mich die Brocken menschlicher Wahrheit, die sie mir geben könnten, in viele Lügen eingehüllt, durch den Verlust meiner Freiheit und Würde bezahlen ließen.

Ich neige mich vor der Autorität von Spezialisten, weil sie mir von meiner Vernunft auferlegt wird. Ich bin mir bewußt, daß ich nur einen sehr kleinen Teil der menschlichen Wissenschaft in allen Einzelheiten und positiven Entwicklungen umfassen kann. Daraus folgt für die Wissenschaft wie für die Industrie die Notwendigkeit der Arbeitsteilung und Vereinigung. Ich empfange und ich gebe, so ist das menschliche Leben. Jeder ist abwechselnd leitende Autorität und Geleiteter. Es gibt also keine stetige und feststehende Autorität, sondern einen beständigen Wechsel von gegenseitiger Autorität und Unterordnung, die vorübergehend und vor allem freiwillig ist.

Diese gleiche Ursache verbietet mir also, eine feste, beständige und allgemeine Autorität anzuerkennen, weil es keinen universellen Menschen gibt, der imstande wäre, mit jenem Reichtum an Einzelheiten, ohne den die Anwendung der Wissenschaft auf das Leben nicht möglich ist, alle Wissenschaften, alle Zweige des sozialen Lebens zu umfassen. Und wenn es möglich wäre, daß eine solche Universalität je in einem einzigen Mann verwirklicht würde, und wenn er sich derselben bedienen wollte, um uns seine Autorität aufzuzwingen, so müßte man diesen Mann aus der Gesellschaft jagen, weil seine Autorität unvermeidlich alle anderen zur Sklaverei und zum Schwachsinn herabdrücken würde. Ich meine nicht, daß die Gesellschaft Männer von Genie mißhandeln soll, wie sie es bis jetzt getan hat. Aber ich meine ebensowenig, daß sie sie zu fett machen, vor allem ihnen irgenwelche Vorrechte oder ausschließlichen Rechte einräumen soll, und dies aus drei Ursachen: erstens, weil es ihr oft vorkommen würde, einen Marktschreier für einen Mann von Genie zu halten; dann weil sie durch dieses System von Vorrechten selbst ein Genie in einen Quacksalber verwandeln, demoralisieren, dumm machen kann, und endlich, weil sie sich einen Despoten geben würde.

Ich fasse zusammen. Wir erkennen also die unbedingte Autorität der Wissenschaft an, weil die Wissenschaft keinen anderen Gegenstand hat, als die sorgfältige und möglichst systematische Wiedergabe der im materiellen, geistigen und moralischen Leben der physischen und der sozialen Welt liegenden Naturgesetze; diese beiden Welten bilden tatsächlich nur ein und dieselbe natürliche Welt. Außerhalb dieser Autorität, der einzig rechtmäßigen, weil vernünftigen, und der menschlichen Freiheit entsprechenden, erklären wir alle anderen Autoritäten für lügenhaft, willkürlich, despotisch und verhängnisvoll.

Wir erkennen die unbedingte Autorität der Wissenschaft an, aber wir weisen die Unfehlbarkeit und Universalität der Vertreter der Wissenschaft zurück. In unserer Kirche – man erlaube mir einen Augenblick, dieses Wort zu gebrauchen, das ich im übrigen verabscheue; beide, Kirche und Staat, sind mir unausstehlich, – in unserer Kirche, wie in der protestantischen Kirche haben wir ein Oberhaupt, einen unsichtbaren Christus, die Wissenschaft, und wie die Protestanten, sogar konsequenter als die Protestanten, wollen wir in derselben weder Papst, noch Konzile, noch Versammlungen unfehlbarer Kardinäle, noch Bischöfe und selbst keine Priester dulden. Unser Christus unterscheidet sich vom protestantischen und christlichen Christus darin, daß letzterer ein persönliches Wesen und unserer unpersönlich ist; der christliche Christus, der schon in einer ewigen Vergangenheit zur Vollendung gelangte, stellt sich als vollkommenes Wesen dar, während die Vollendung und Vervollkommnung unseres Christus, der Wissenschaft, immer in der Zukunft liegen, was soviel heißt, als daß sie nie zur Verwirklichung gelangen wird. Wenn wir nur die unbedingte Autorität der absoluten Wissenschaft anerkennen, setzten wir also in keiner Weise unsere Freiheit aufs Spiel.

Ich verstehe unter „absoluter Wissenschaft" die wirklich universelle Wissenschaft, die das Universum, das System oder die Zusammenordnung aller sich in der beständigen Entwicklung der Welten äußernden Naturgesetze, in seiner ganzen Ausdehnung und all seinen unendlichen Einzelheiten ideal wiedergeben würde. Es ist klar, daß diese Wissenschaft, das erhabenste Ziel aller Anstren- gungen des menschlichen Geistes nie in absoluter Vollständigkeit verwirklicht werden wird. Unser Christus wird also ewig unvollendet bleiben, was den Stolz seiner bevorrechteten Vertreter unter uns bedeutend vermindern muß. Gegen diesen Sohn Gottes, in dessen Namen sie uns ihre unverschämte und pedantische Autorität aufzulegen die Anmaßung haben würden, werden wir uns auf Gott den Vater berufen, der die wirkliche Welt, das wirkliche Leben ist, von denen jener nur der nur allzu vollkommene Ausdruck ist und deren unmittelbare Vertreter wir selbst sind, – die lebenden Wesen, die wir leben, arbeiten, kämpfen, lieben, streben, genießen und leiden.

Aber während wir die unbedingte, universelle und unfehlbare Autorität der Männer der Wissenschaft zurückweisen, beugen wir uns gern vor der achtenswerten, aber relativen und sehr vorübergehenden, sehr beschränkten Auto- rität der Vertreter der Spezialwissenschaften und verlangen nichts Besseres, als sie zu befragen, wenn die Reihe an sie kommt, sehr dankbar für die wertvollen Fingerzeige, die sie uns geben, unter der Bedingung, daß sie selbst bereit sind, von uns selbst gleich Angaben anzunehmen über Dinge und in Fällen, in denen wir gelehrter sind als sie. Im allgemeinen ist es uns ganz erwünscht, zu sehen, daß Männer von großem Wissen, großer Erfahrung, großem Geist und vor allem großen Herzens auf uns einen natürlichen, rechtmäßigen, frei angenommenen Einfluß ausüben, der nie im Namen irgendeiner offiziellen, himmlischen oder irdischen Autorität auferlegt wird. Wir nahmen alle natürlichen Autoritäten und Einflüsse an, die im Wesen der Sache, nicht aber im Recht liegen; denn jede im Recht liegende und daher offiziell auferlegte Autorität und jeder Einfluß dieser Art wird sofort Unterdrückung und Lüge und würde uns unfehlbar, wie ich hinreichend bewiesen zu haben glaube, Sklaverei und Unsinn aufzwingen.

Mit einem Wort, wir weisen alle priviligierte, patentierte, offizielle und legale Gesetzgebung, Autorität und Beeinflussung zurück, selbst wenn sie aus dem allgemeinen Stimmrecht hervorgegangen sind, in der Überzeugung, daß sie immer nur zum Nutzen einer herrschenden und ausbeutenden Minderheit gegen die Interessen der ungeheuer geknechteten Mehrheit sich wenden können. In diesem Sinne sind wir wirklich Anarchisten.

* * *

Die modernen Idealisten verstehen die Autorität in ganz anderem Sinn. Obgleich sie sich von dem überlieferten Aberglauben aller bestehenden positiven Religionen befreit haben, geben sie nichtsdestoweniger der Idee der Autorität einen göttlichen, absoluten Sinn. Diese Autorität ist nicht die einer wunder- bar geoffenbarten Wahrheit, noch die einer streng wissenschaftlich bewiesenen Wahrheit. Sie begründen sie auf eine wenig scheinphilosophische Beweisführung und auf viel unbestimmt religiösem Glauben, auf viel ideal, abstrakt, poetischem Gefühl. Ihre Religion ist wie ein letzter Versuch der Vergöttlichung von allem, was die Menschlichkeit in der Menschheit bildet.

Dies ist das gerade Gegenteil unseres Werkes. Wir glauben, in Hinsicht auf Menschenfreiheit, Menschenwürde und Menschenwohl dem Himmel die von ihm der Erde geraubten Güter nehmen zu müssen, um sie der Erde zurückzugeben; jene aber bemühen sich, einen letzten religiös heroischen Diebstahl zu begehen, und möchten im Gegenteil, dem Himmel, diesem heute entlarvten göttlichen Dieb, den die kühne Pietätlosigkeit und wissenschaftliche Analyse der Freidenker ihrerseits plündert, alles zurückgeben, was die Menschheit an Größtem, Schönstem und Edelstem besitzt.

Zweifellos glauben die Idealisten, das menschliche Ideen und Dinge, um bei den Menschen größere Achtung zu genießen, mit göttlicher Weihe umgeben sein müssen. Wie äußert sich diese Weihe? Nicht durch ein Wunder, wie bei den positiven Religionen, sondern durch die Größe und Heiligkeit der Ideen selbst: was groß, schön, edel, gerecht ist, das gilt als göttlich. In diesem neuen religiösem Kult wird jeder sich an diesen Ideen, diesen Dingen Erleuchtende ein unmittelbar von Gott selbst geweihter Priester. Und der Beweis dafür? Die Größe der Ideen, die er ausdrückt, der Dinge, die er vollbringt, sind der Beweis; ein anderer ist nicht nötig. Sie sind so heilig, das sie nur von Gott eingegeben sein können.

Dies ist in wenigen Worten ihre ganze Philosophie, eine Philosophie von Gefühlen, nicht von wirklichen Gedanken, eine Art metaphysischer Pietismus. Dies scheint unschuldig, ist es aber durchaus nicht, und die sehr genaue, enge und trockene Lehre, die sich unter dem unfaßbar Weiten dieser poetischen Formen versteckt, führt zu denselben verderblichen Ergebnissen wie alle positiven Religionen: zur vollständigen Verneinung der Menschenfreiheit und Menschenwürde.

Wenn man alles, was man Großes, Edles, Schönes in der Menschheit findet, als göttlich preist, erkennt man damit an, daß die Menschheit allein nicht imstande gewesen wäre, es hervorzubringen; dies kommt auf dasselbe hinaus, wie wenn man sagte, daß sie, sich selbst überlassen, ihrer eigenen Natur nach elend, ungerecht, niedrig und häßlich ist. Dadurch kommen wir zum Kern jeder Religion, der Herabsetzung der Menschheit zum größeren Ruhm der Gottheit.

Und sobald man die natürliche Minderwertigkeit des Menschen und seine fundamentale Unfähigkeit, sich aus sich selbst heraus, außerhalb der göttlichen Erleuchtung, zu gerechten und wahren Ideen zu erheben, zugibt, wird es nötig, auch alle theologischen, politischen und sozialen Folgerungen der positiven Rehgionen zuzugeben. Sobald Gott, das vollkommene und höchste Wesen, sich der Menschheit gegenüberstellt, entstehen von überall göttliche Vermittler, Auserwählte, von Gott Erleuchtete, um das Menschengeschlecht in seinem Namen zu leiten und zu regieren.

Kann man nicht annehmen, daß alle Menschen in gleicher Weise von Gott erleuchtet sind? Dann brauchte man allerdings keine Vermittler. Aber dies Annahme ist unmöglich, weil ihr die Tatsachen zu sehr widersprechen. Man müßte dann der göttlichen Erleuchtung alle Sinnlosigkeiten und Irrtümer, alle Gräuel, Schändlichkeiten, Erbärmlichkeiten und Dummheiten, die in der Welt der Menschen vorkommen, zuschreiben. Es gibt also auf der Welt nur wenig göttlich erleuchtete Menschen. Dies sind die großen Männer der Geschichte, die tugendhaften Genies, wie der ausgezeichnete italienische Bürger und Prophet Giuseppe Mazzini sagt. Unmittelbar von Gott selbst erleuchtet und auf allgemeine, durch das Volkstimmrecht ausgedrückte Zustimmung gestützt – Dio e Popolo -, sind sie berufen, die menschlichen Gesellschaften zu regieren. [5]

Damit sind wir wieder bei der Kirche und dem Staat angelangt. Zwar würde die Kirche in dieser neuen Organisation nicht mehr Kirche, sondern Schule heißen, die, wie alle alten politischen Organisationen, von Gottes Gnaden sein würde, sich aber diesmal, wenigstens der Form nach, als notwendiges Zugeständnis an den modernen Geist und wie in den Einleitungen der kaiserlichen Dekrete Napoleons III. gesagt wird, auf den (fiktiven) Willen des Volkes stützen. Aber auf den Bänken dieser Schulen würden nicht nur Kinder sitzen: dort säße der ewig Unmündige, der Schüler, der für immer als unfähig gilt, seine Prüfungen zu machen, die Kenntnisse seiner Lehrer zu erwerben und ihrer Zucht zu entwachsen, das Volk. [6]Der Staat wird nicht mehr Monarchie heißen, sondern Republik, wird aber nichtsdestoweniger der Staat sein, das heißt eine offiziell und regelrecht von der Minderheit zuständiger Männer, von tugendhaften Männern von Genie und Talent, errichtete Vormundschaft zur Uberwachung und Leitung des Betragens dieses großen, unverbesserlichen Schreckenskindes, des Volkes. Die Schullehrer und Staatsbeamten werden sich Republikaner nennen, aber nichtsdestoweniger Vormünder, Hirten sein, und das Volk wird bleiben, was es bis jetzt gewesen ist, eine Herde. Achtung also vor den Scherern, denn wo es eine Herde gibt, gibt es auch Scherer und Ausbeuter der Herde.

In diesem System wird das Volk ewig Schüler und Mündel sein. Trotz seiner Herrschaftsgewalt, die ganz fiktiv ist, wird es das Werkzeug von Gedanken, Willen und folglich auch von Interessen sein, die nicht seine eigenen sein werden. Zwischen dieser Lage und der, die wir Freiheit, die einzig wahre Freiheit nennen, liegt ein Abgrund. Es würde unter neuen Formen die alte Unterdrückung und Knechtschaft sein, und wo Knechtschaft ist, ist Elend, Vertierung, die eigentliche Materialisierung der Gesellschaft, sowohl der bevorzugten Klassen, wie der Massen.

Durch die Vergöttlichung menschlicher Dinge kommen die Idealisten stets zum Triumph eines niedrigen Materialismus. Und aus einem sehr einfachen Grunde: das Göttliche verflüchtigt sich und erhebt sich zu seiner Heimat, dem Himmel, und das Niedrige bleibt allein wirklich auf der Erde.

* * *

Jawohl, der theoretische Idealismus hat den niedrigsten Materialismus in der Praxis zur notwendigen Folge, nicht für die, die ihn guten Glaubens predigen – für diese ist die Unfruchtbarkeit ihrer Bemühungen das gewöhnliche Ergebnis,- aber für die, die ihre Lehren im Leben für die ganze Gesellschaft zu verwirklichen sich bemühen, solange sich diese von den idealistischen Lehren beherrschen läßt.

Es fehlt nicht an geschichtlichen Beweisen für diese allgemeine Tatsache, die zuerst sonderbar erscheinen mag, die sich aber natürlich erklärt, sobald man sie näher betrachtet.

Man vergleiche die beiden letzten Kulturen der antiken Welt, die griechische und die römische. Welche von beiden ist die materialistischere, in ihrem Ausgangspunkt natürlichere und menschlich idealere? Die griechische Kultur. Welche dagegen ist die an ihrem Ausgangspunkt abstrakt idealere, die die materielle Freiheit des Menschen der idealen Freiheit des Bürgers opfert, vertreten durch die Abstraktion des juristischen Rechts und die natürliche Entwicklung der menschlichen Gesellschaft zur Abstraktion des Staates, und welche ist die in ihren Konsequenzen brutalere? Ohne Zweifel die römische. Die griechische Kultur war zwar, wie alle antiken Kulturen, die römische inbegriffen, ausschließlich national und hatte die Sklaverei zur Grundlage. Aber trotz dieser beiden ungeheuren historischen Fehler faßte und verwirklichte sie nichtsdestoweniger als erste die Idee der Menschheit; sie veredelte und idealisierte wirklich das Leben der Menschen; sie verwandelte die Menschenherden in Vereinigungen freier Menschen; sie schuf die Wissenschaft, Künste, eine unsterbliche Dicht- kunst und Philosophie und die ersten Begriffe der Menschenachtung durch die Freiheit. Mit der politischen und sozialen Freiheit schuf sie das freie Denken. Und am Ende des Mittelalters, zur Zeit der Renaissance, genügte es, daß einige griechische Emigranten einige ihrer unsterblichen Bücher nach Italien brachten, um das Leben, die Freiheit, das Denken, die Menschheit, die in ihrem finsteren Kerker des Katholizismus vergraben war, zur Wiedererstehung zu bringen. Die menschliche Befreiung, das ist der Name der griechischen Kultur. Und der Name der römischen Kultur? Eroberung mit all ihren brutalen Folgen. Und ihr letztes Wort? Die Allmacht der Cäsaren. Das ist die Herabwürdigung und Sklaverei der Nationen und Menschen.

Und was tötet und erdrückt noch heutzutage brutal, materiell in allen Ländern Europas die Freiheit und Menschlichkeit? Der Triumph des cäsarischen und römischen Prinzips.

Vergleichen wir jetzt zwei moderne Kulturen: die italienische und die deutsche. Die erstere vertritt zweifellos in ihrem allgemeinen Charakter den Materialismus, die letztere im Gegenteil das Abstrakteste, Reinste, Übersinnlichste, was es an Idealismus gibt. Was sind die praktischen Früchte beider.

Italien leistete der Sache der menschlichen Befreiung schon ungeheure – Dienste. Es war das erste Land, das wieder aufstand und in weitem Sinn das Prinzip der Freiheit in Europa durchführte und der Menschheit ihre Adelstitel wiedergab: Industrie, Handel, Dichtkunst, Künste, positive Wissenschaften und freies Denken. Seitdem wurde es durch drei Jahrhunderte vorn kaiserlichen und päpstlichen Despotismus erdrückt und von seiner herrschenden Bourgeoisie in den Kot gezogen, so daß es heute allerdings sehr verfallen erscheint im Vergleich zu dem, was es war. Und doch, welcher Unterschied, wenn man es mit Deutschland vergleicht! Trotz diesem, wie wir hoffen, vorübergehenden Verfall kann man in Italien menschlich und frei leben und atmen, von einem Volk umgeben, das für die Freiheit geboren zu sein scheint. Selbst das bourgeoise Italien kann mit Stolz auf Männer, wie Mazzini und Garibaldi, weisen. In Deutschland atmet man die Luft ungeheurer politischer und sozialer Knechtschaft, die ein großes Volk mit wohlbedachter Ergebung und gutem Willen philosophisch erklärt und annimmt. Seine Helden – ich spreche von denen des gegenwärtigen, nicht des künftigen Deutschlands, des adeligen, bürokratischen, politischen und bourgeoisen, nicht des proletarischen Deutschlands – sind ganz das Gegenteil von Mazzini und Garibaldi: es sind heute Wilhelm I., der rohe und naive Vertreter des protestantischen Gottes, und die Herren von Bismarck und Moltke, die Generale Manteuffel und Werder. In all seinen internationalen Beziehungen war Deutschland, seit es besteht, langsam, systematisch eindringend, erobernd, immer bereit, seine eigene freiwillige Knechtschaft auf die benachbarten Völker auszudehnen; seit es sich als einheitliche Macht bildete, wurde es eine Bedrohung, eine Gefahr für die Freiheit von ganz Europa. Der Name Deutschland bedeutet heute brutalen und triumphierenden Sklavensinn. [7]

Um zu zeigen, wie sich der theoretische Idealismus sofort und unvermeidlich in praktischen Materialismus verwandelt, braucht man nur das Beispiel aller christlichen Kirchen und natürlich, vor allem, das der römisch-apostolischen Kirche anzuführen. Was gibt es Erhabeneres, im idealen Sinn, Uneigennützigeres, von allen irdischen Interessen Losgelösteres, als die von dieser Kirche gepredigte Lehre Christi – und was gibt es Materialistischeres, als die beständige Praxis derselben Kirche seit dem B. Jahrhundert, seitdem sie sich als Macht zu bilden begann.

Jede Entwicklung, sagte ich, schließt die Verneinung ihres Ausgangspunktes ein. Da nach der materialistischen Schule der Ausgangspunkt materiell sein muß, muß seine Verneinung notwenigerweise ideal sein. Von der Gesamtheit der wirklichen Welt, oder von dem, das man abstrakt die Materie nennt, ausgehend, gelangt sie logisch zur wirklichen Idealisierung, das heißt zur Humanisierung, zur vollen und ganzen Befreiung der Gesellschaft. Da im Gegensatz dazu und aus dem gleichen Grunde der Ausgangspunkt der idealen Schule ideal ist, gelangt sie notwendigerweise zu Materialisierung der Gesellschaft, zur Organisation eines brutalen Despotismus und einer harten und schändlichen Ausbeutung unter der Form der Kirche und des Staates. Die geschichtliche Entwicklung des Menschen ist nach der materialistischen Schule ein fortschreitender Aufstieg; nach dem idealistischen System kann sie nur ein beständiges Fallen sein.

Bei jeder menschlichen Frage, die man in Betracht zieht, findet man stets denselben wesentlichen Gegensatz zwischen den beiden Schulen. So geht, wie ich schon bemerkte, der Materialismus von der tierischen Stufe aus, um die Menschheit zu bilden; der Idealismus geht von der Gottheit aus, um die Sklaverei zu errichten und die Massen zu aussichtsloser Vertierung zu verurteilen. Der Materialismus leugnet den freien Willen und führt zur Einführung der Freiheit; der Idealismus verkündet den freien Willen im Namen der Menschenwürde und gründet die Autorität auf den Ruinen aller Freiheit. Der Materialismus weist das Autoritätsprinzip zurück, weil er es mit gutem Grund als Zugabe zur tierischen Natur betrachtet und weil ihm der Sieg der Menschlichkeit, der in seinen Augen Hauptziel und -bedeutung der Geschichte ist, nur durch die Freiheit verwirklicht werden kann. Mit einem Wort, bei jeder Frage wird man den Idealisten stets bei unbedingtem Materialismus treffen, während man die Materialisten die höchsten idealen Ziele und Gedanken verfolgen und verwirklichen sieht.

* * *

Die Geschichte, sagte ich, kann im System der Idealisten nur ein beständiges Fallen sein. Sie beginnen mit einem schrecklichen Fall, von dem sie sich nie wieder erholen; mit dem göttlichen salto mortale aus den erhabenen Regionen der reinen, absoluten Idee zur Materie: nicht zu der stets tätigen und bewegten Materie voll Eigenschaften und Kräften, Leben und Intelligenz, wie sie uns in der wirklichen Welt erscheint, sondern zur abstrakten und verarmten Materie, die ins absolute Elend gebracht wird durch die regelrechte Plünderung jener Preußen des Denkens, der Theologen und Metaphysiker, die ihr alles raubten, um es ihrem Kaiser, ihrem Gott, zu geben; zu ihr, die, aller Eigenschaften, aller eigenen Tätigkeit und Bewegung beraubt, nur mehr, im Gegensatz zur Gottesidee, absolute Dummheit, Undurchdringlichkeit, Untätigkeit und Unbeweglichkeit vorstellt.

Der Fall ist so schrecklich, daß die Gottheit, die göttliche Person oder Idee, sich breitschlägt, ihr Eigenbewußtsein verliert und sich nie wieder findet. Und in dieser verzweifelten Lage ist sie noch gezwungen, Wunder zu üben! Denn sobald die Materie untätig ist, ist jede Bewegung, selbst die materiellste, ein Wunder und kann nur die Wirkung einer göttlichen Dazwischenkunft, von Gottes Einwirkung auf die Materie, sein. Und so bleibt denn diese arme Gottheit, durch ihren Fall heruntergekommen und fast vernichtet, einige hundert Jahrtausende in diesem Ohnmachtszustand, dann erwacht sie langsam, sucht stets vergeblich eine unbestimmte Erinnerung von sich selbst zu gewinnen, und jede Bewegung, die sie im Hinblick auf dieses Ziel in der Materie macht, wird eine neue Schöpfung, eine neue Bildung, ein neues Wunder. Auf diese Weise durchschreitet sie alle Grade der Materialität und Bestialität; zuerst ein Gas, ein einfacher und zusammengesetzter chemischer Körper, ein Mineral, verbreitet sie sich dann auf der Erde als pflanzlicher und tierischer Organismus und konzentriert sich dann im Menschen.

Hier scheint sie bestimmt, sich wiederzufinden, denn sie zündet in jenem menschlichen Wesen einen Engelsfunken an, ein Teilchen ihres eigenen göttlichen Wesens, die unsterbliche Seele.

Wie konnte sie eine absolut unkörperliche Sache in etwas absolut materiellem unterbringen? Wie kann der Körper den reinen Geist enthalten, einschließen, begrenzen, binden? Dies ist wieder eine jener Fragen, die allein der Glaube, diese leidenschaftliche und dumme Behauptung des Unsinnigen, lösen kann. Es ist das größte aller Wunder. Hier haben wir nur die Wirkungen und praktischen Folgen des Wunders festzustellen.

Nach Hunderten von Jahrtausenden vergeblicher Bemühungen, zu sich zu kommen, findet die verlorene, in der von ihr belebten und in Bewegung gesetzten Materie, verbreitete Gottheit einen Stützpunkt, eine Art Heim um sich zu sammeln. Dies ist der Mensch, dies ist seine unsterbliche Seele, die eigentümlicherweise in einen sterblichen Körper gesperrt ist. Aber jeder Mensch, für sich genommen, ist viel zu beschränkt, zu klein, um die göttliche Unendlichkeit zu umschließen; er kann nur einen sehr kleinen Tel derselben enthalten, der, unsterblich wie das Ganze, aber unendlich viel kleiner als das Ganze ist. Daraus ergibt sich, daß das göttliche Wesen, der Geist, teilbar ist, wie die Materie. Dies ist eine weiteres Geheimnis, dessen Lösung dem Glauben überlassen werden muß.

Wenn sich Gott ganz in jedem Menschen unterbringen könnte, dann wäre jeder Mensch Gott. Wir hätten eine ungeheure Anzahl von Göttern, von denen jeder von allen anderen beschränkt und doch unendlich wäre, ein Widerspruch, der die gegenseitige Vernichtung der Menschen bedeuten würde und die Unmöglichkeit, daß mehr als ein Mensch da wäre. Was die Teile betrifft, ist dies eine andere Sache: nichts ist tatsächlich der Vernunft entsprechender, als daß ein Teil von einem anderen Teil begrenzt und kleiner als das Ganze sei. Nur zeigt sich hier mehr oder weniger ein anderer Widerspruch. Begrenzt zu sein ist eine Eigenschaft der Materie, nicht des Geistes; des Geistes hier im Sinn der Materialisten, da der Geist für die Materialisten nur die Äußerung des ganz materiellen Organismus des Menschen ist; in diesem Falle hängt Größe und Kleinheit des Geistes von der mehr oder weniger großen materiellen Vollendung des menschlichen Organismus ab. Aber diese Eigenschaften der Begrenzung und relativen Größe können dem Geist, wie ihn die Idealisten verstehen, nicht angehören, dem absolut unkörperlichen, außerhalb jeder Materie existierenden Geist. Da kann es nichts Größeres und Kleineres, keine Grenze zwischen den Geistern geben, denn es gibt nur einen Geist: Gott. Nimmt man noch dazu, daß die unendlich kleinen und beschränkten Teilchen, die die menschlichen Seelen bilden, gleichzeitig unsterblich sind, so erreicht man den Gipfel der Widersprüche. Aber das ist eine Frage des Glaubens; gehen wir weiter.

So also ist die Gottheit zerrissen und in unendlich kleinen Teilen in einer ungeheuren Anzahl von Wesen jedes Geschlechts, jedes Alters, aller Rassen und Farben untergebracht. Dies ist eine für sie außerordentlich unbequeme und unglücklich Lage; denn die göttlichen Teilchen kennen sich zu Beginn ihrer menschlichen Existenz so wenig untereinander, daß sie beginnen sich gegenseitig aufzufressen. Jedoch bewahren die göttlichen Teilchen, die Menschenseelen, in diesem Zustand ganz und gar tierischer Barbarei und Brutalität eine gewisse unbestimmte Erinnerung an ihre ursprüngliche Gottheit: sie werden unaufhaltsam nach ihrem Ganzen zu angezogen; sie suchen sich und suchen das Ganze. Die Gottheit selbst, in der materiellen Welt verbreitet und verloren, sucht sich in den Menschen, und sie ist derart durch diese Menge menschlicher Gefängnisse, in denen sie zerstreut ist, verwirrt, daß sie bei diesem Suchen eine Menge Dummheiten macht.

Mit dem Fetischismus beginnend, sucht sie sich selbst und betet sich an bald in einem Stein, bald in einem Stück Holz oder einem Stück Tuch. Wahrscheinlich sogar hätte sie sich nie aus diesem Tuchfetzen erhoben, wenn die andere Gottheit, die nicht in die Materie fiel und im Zustand reinen Geistes in den erhabenen Höhen des absoluten Ideals oder in den himmlischen Regionen blieb, nicht mit ihr Mitleid gehabt hätte.

Hier liegt ein neues Geheimnis, das der in zwei Hälften gespaltenen Gottheit, welche Hälften aber jede ein Ganzes und jede unendlich ist und von denen die eine – Gott der Vater – sich in den reinen, immateriellen Religionen erhält, während die andere – Gott der Sohn – sich in die Materie fallen ließ. Wir werden gleich sehen, wie zwischen diesen beiden voneinander getrennten Gottheiten beständige Beziehungen von oben nach unten und von unten nach oben entstehen, und diese Beziehungen als ein einziger ewiger und beständiger Akt gedacht, den heiligen Geist bilden. Dies ist, in seinem wahren theologischen und metaphysischem Sinn, das große, das schreckliche Geheimnis der christlichen Dreieinigkeit.

Aber verlassen wir so schnell als möglich diese Höhen und sehen wir, was auf der Erde vorgeht.

Gott der Vater sah von der Höhe seines ewigen Glanzes, daß der arme Sohn Gottes, von seinem Fall flachgequetscht und verwirrt, sich derart in die Materie tauchte und in ihr verlor, daß er, selbst nachdem er den menschlichen Zustand erreicht, sich nicht wiederfand, und er entschloß sich endlich, ihm zu helfen. Aus der ungeheuren Zahl gleichzeitig unsterblicher, göttlicher und unendlich kleiner Teilchen, in die Gott der Sohn sich zerstreute, so daß er sich in ihnen nicht mehr zurechtfand, wählte Gott der Vater die ihm am meisten gefallenden aus und machte daraus seine Erleuchteten, seine Propheten, seine „tugendhaften Genies", die großen Wohltäter und Gesetzgeber der Menschheit: Zoroaster, Buddha, loses, Konfuzius, Lykurg, Solon, Sokrates, den göttlichen Plato und vor allem Jesus Christus, die vollständige Verwirklichung des endlich in eine einzige Person gesammelten und konzentrierten Gottessohnes; alle Apostel, St. Peter, St. Paul und vorallem St. Johannes; Konstantin den Großen, Mohammed, dann Karl den Großen, Gregor VII., Dante, nach einigen auch Luther, Voltaire und Rousseau, Robbespierre und Danton und viele andere große und heilige geschichtliche Persönlichkeiten, deren Namen ich nicht alle anführen kann, aber unter denen ich als Russe den heiligen Nikolaus nicht zu vergessen bitte.

* * *

So sind wir also bei dem Erscheinen Gottes auf der Erde angelangt. Aber sobald Gott erscheint, wird der Mensch zu Nichts. Man wird einwenden, daß er durchaus nicht zu Nichts wird, da er selbst ein Tel Gottes ist. Verzeihung! Ich gebe zu, daß ein Teichen, ein Tel eines bestimmten, beschränkten Ganzen, wie klein es auch sei, eine Quantität, eine positive Größe ist. Aber ein Teichen, ein Teil des unendlich Großen ist, mit demselben verglichen, notwendigerweise unendlich klein. Das Produkt von Milliarden, mit Milliarden von Milliarden multipliziert, wird dem unendlich Großen gegenüber unendlich klein sein, und das unendlich Kleine ist gleich Null. Gott ist alles, also sind der Mensch und die ganze wirkliche Welt, das Universum, mit ihm nichts. Da gibt es keinen Ausweg.

Gott erscheint, der Mensch wird zu Nichts, und je größer die Gottheit wird, desto elender wird die Menschheit. Das ist die Geschichte aller Religionen, die Wirkung aller Erleuchtungen und göttlichen Gesetzgebungen. In der Geschichte ist der Name Gottes die schreckliche historische Keule, mit der alle göttlich erleuchteten Männer, die großen „tugendhaften Genies" , die Freiheit, die Würde, Vernunft und das Wohl der Menschen niederschlagen.

Zuerst sahen wir den Fall Gottes. Jetzt sehen wir den Fall, der uns mehr interessiert, den des Menschen, durch das einfache Erscheinen oder die Offenbarung Gottes auf Erden.

In welchem tiefen Irrtum befinden sich unsere lieben und ausgezeichneten Idealisten! Wenn sie zu uns von Gott sprechen, glauben sie uns zu erheben, zu befreien, zu veredeln, und wollen dies, und statt dessen würdigen sie uns herab und erdrücken uns. Sie bilden sich ein, mit dem Namen Gottes unter den Menschen Brüderlichkeit einführen zu können, und schaffen im Gegenteil Stolz und Verachtung; Sie sähen Zwietracht, Haß und Krieg und errichten Knechtschaft. Denn mit Gott kommen notwendigerweise die verschiedenen Grade göttlicher Erleuchtung; die Menschheit zerfällt in sehr Erleuchtete, in minder Erleuchtete und in gar nicht Erleuchtete. Zwar sind sie alle gleich nichtig vor Gott, aber untereinander verglichen sind die einen größer als die anderen, nicht nur in Wirklichkeit, was nichts bedeuten würde, da eine tatsächliche Ungleich- heit von selbst in der Menge verloren geht, wenn sie nichts, keine Fiktion und keine gesetzliche Einrichtung findet, an die sie sich klammern kann; nein, die einen sind größer als die anderen durch das göttliche Recht der Erleuchtung, wodurch sofort eine feste, beständige, erstarrende Ungleichheit entsteht. Die mehr Erleuchteten müssen von den weniger Erleuchteten gehört und ihnen muß gehorcht werden, ebenso den weniger Erleuchteten von den gar nicht Erleuchteten. So ist das Prinzip der Autorität fest aufgestellt und mit ihm die beiden grundlegenden Einrichtungen der Knechtschaft: die Kirche und der Staat.

Von allen Despotismen ist jener der Doktrinäre oder religiös Erleuchteten der ärgste. Sie sind so eifersüchtig auf den Ruhm ihres Gottes und den Triumph ihrer Idee, daß ihnen kein Herz bleibt für die Freiheit, die Würde, nicht einmal für die Leiden der lebenden, wirklichen Menschen. Der göttliche Eifer, die ausschließliche Sorge um die Idee trocknen in den zartesten Seelen, den mitfühlendsten Herzen die Quellen der Menschenliebe aus. Sie sehen alles, was ist, was in der Welt geschieht, vom Standpunkt der Ewigkeit und der abstrakten Idee an; sie behandeln vergängliche Dinge mit Verachtung; aber das ganze Leben wirklicher Menschen, der Menschen von Fleisch und Blut, besteht nur aus vergänlichen Dingen; sie selbst sind vorübergehende Wesen, die nach ihrem Vergehen von anderen, ebenso vergänglichen ersetzt werden, die aber nie selbst wiederkommen. Von Bleibendem oder relativ Ewigem gibt es bei den Menschen die Tatsache der Menschheit selbst, die in beständiger Entwicklung, immer reicher, von einer Generation zur anderen übergeht . Ich sage relativ ewig, weil nach der Zerstörung unseres Planeten – und diese Zerstörung muß früher oder später eintreten, da alles, was einen Anfang hat, notwendigerweise auch ein Ende haben muß,– weil nach Zerstörung unseres Planeten, der ohne Zweifel irgendeiner neuen Bildung im Weltsystem, das allein wirklich ewig ist, als Element dienen wird, niemand weiß, was aus unserer menschlichen Entwicklung wird. Da aber der Zeitpunkt dieser Auflösung unendlich weit von uns entfernt ist, können wir die Menschheit, im Vergleich mir dem so kurzen menschlichen Leben, ganz gut als ewig betrachten. Aber diese Tatsache der fortschreitenden Menschheit selbst ist nur wirklich und lebendig durch ihre Erscheinung und Verwirklichung zu bestimmter Zeit, an bestimmten Orten, in wirklich lebenden Menschen und nicht in ihrer allgemeinen Idee.

* * *

Die allgemeine Idee ist immer eine Abstraktion und schon dadurch in gewissem Grade eine Verneinung des wirklichen Lebens. Ich stelle im Anhang als Eigenschaft des menschlichen Gedankens und folglich auch der Wissenschaft fest, dß sie von den wirklichen Tatsachen nur ihren allgemeinen Sinn, ihre allgemeinen Beziehungen, ihre allgemeinen Gesetzte erfassen und benennen kann, mit einem Wort das in ihren beständigen Verwandlungen Bleibende, wie ihre materielle, individuelle Seite, die sozusagen von Wirklichkeit und Leben vibriert, aber gerade dadurch flüchtig und unfaßbar ist. Die Wissenschaft versteht den Gedanken der Wirklichkeit, nicht die Wirklichkeit selbst, den Gedanken des Lebens, nicht das Leben selbst. Hier hegt ihre Grenze, die einzige für sie wirklich unüberschreitbar Grenze, die eben in der Natur des menschlichen Gedankens selbst, des einzigen Organs der Wissenschaft, begründet ist.

Auf diese natürliche Beschaffenheit gründen sich die unbestreitbaren Rechte und die große Aufgabe der Wissenschaft, aber auch ihre tiefe Ohnmacht und selbst ihre schädliche Wirkung, sobald sie durch ihre offiziellen, patentierten Vertreter sich das Recht anmaßt, das Leben zu beherrschen. Die Aufgabe der Wissenschafter ist folgende: Durch Feststellung der allgemeinen Beziehungen der vorübergehenden und wirklichen Dinge, durch Erkennen jener der Entwicklung der Erscheinungen der physischen und sozialen Welt eigenen allgemeinen Gesetzte stellt sie sozusagen unveränderliche Markenzeichen des Vormarsches der Menschheit auf, indem sie den Menschen die allgemeinen Bedeutungen zeigt, deren strenge Beobachtung notwendig und deren Unkenntnis oder Vergessen verhängnisvoll sind. Mit einem Wort, die Wissenschaft ist der Kompaß des Lebens, aber sie ist nicht das Leben. Sie ist unabänderlich, unpersönlich, allgemein, abstrakt, gefühllos, wie die Gesetze, deren Ideale, gedachte, d.h. im Gehirn existierende Wiedergabe sie ist – im Gehirn, um uns zu erinnern, daß die Wissenschaft selbst nur ein materielles Produkt eines mteriellen Organs des materiellen Organismus des Menschen, des Gehirns, ist. Das Leben ist ganz flüchtig und vorübergehend, aber auch ganz vibrierend vor Wirklichkeit und Individualität, Gefühl, Leiden, Freuden, Streben, Bedürfnissen und Leidenschaften. Das Leben allein schafft freiwillig die Dinge und alle wirklichen Wesen. Die Wissenschaft schafft nichts, sie konstatiert und erkennt nur die Schöpfung des Lebens. Und jedesmal, wenn die Männer der Wissenschaft, ihre abstrakte Welt verlassend, sich in die lebendige Schöpfung in der wirklichen Welt hineinmischen, ist alles, was sie vorschlagen oder schaffen, arm, lächerlich, abstrakt, ohne Blut und Leben, totgeboren, dem von Wagner, dem pedantischen Schüler des unsterblichen Doktor Faust, geschaffenen Homunkulus gleich. Daraus ergibt sich, daß die einzige Aufgabe der Wissenschaft die ist, das Leben zu erhellen, nicht, es zu leiten.

Eine Herrschaft der Wissenschaft und der Männer der Wissenschaft, selbst wenn sie sich Positivisten, Schüler Auguste Comtes, nennen oder selbst Schüler der doktrinären Schule des deutschen Kommunismus, kann nur ohnmächtig, lächerlich, unmenschlich, grausam, unterdrückend, ausbeutend und verheerend sein. Man kann von den Männern der Wissenschaft als solchen sagen, was ich von den Theologen und den Metaphysikern sagte: sie haben weder Gefühl noch Herz für persönliche, lebende Wesen. Man kann ihnen nicht einmal einen Vorwurf daraus machen, denn es ist die natürliche Folge ihres Berufes. Als Männer der Wissenschaft haben sie nur mit Allgemeinheiten zu tun und interessieren sich nur für solche.

Die Wissenschaft, welche nur mit dem zu tun hat, was auszudrücken und beständig ist, d.h. mit mehr oder weniger entwickelten und bestimmten Allgemeinheiten, muß sich hier besiegt erklären von dem Leben, das allein in der Verbindung steht mit der lebendigen und empfindlichen, aber unfaßbaren und unsagbaren Seite der Dinge. Das ist die wirkliche und man kann sagen die einzige Grenze der Wissenschaft, eine wirklich unüberschreitbare Grenze. Ein Naturforscher, der selbst eine wirkliches und lebendes Wesen ist, seziert beispielsweise ein Kaninchen; dieses Kaninchen ist gleichfalls ein wirkliches Wesen und war, wenigstens vor kaum einigen Stunden, eine lebende Individualität. Nachdem der Naturforscher es seziert hat, beschreibt er es: Nun, das Kaninchen, welches aus seiner Beschreibung hervorgeht, ist ein Kaninchen im allgemeinen , das, jeder Individualität beraubt, allen Kaninchen gleicht und deshalb nie die Kraft zu existieren haben wird und ewig ein unbewegliches und nichtseiendes Wesen bleiben wird, nicht einmal körperlich, sondern eine Abstraktion, der festgehaltene Schatten eines lebendigen Wesens. Die Wissenschaft hat nur mit solchen Schatten zu tun. Die lebendige Wirklichkeit entschlüpft ihr und gibt sich nur dem Leben, das, weil es selbst flüchtig und vorübergehend ist, immer alles, was lebt, d.h. alles, was vergeht und flieht, fassen kann und in der Tat faßt.

Das Beispiel des der Wissenschaft geopferten Kaninchens berührt uns wenig, weil wir uns gewöhnlich für das individuelle Leben der Kaninchen sehr wenig interessieren. Anders ist es mit dem individuellen Leben der Menschen, das die Wissenschaft und die Männer der Wissenschaft, welche gewöhnt sind unter Abstraktionen zu leben, d.h. flüchtige und lebendige Wirklichkeiten ihren beständigen Schatten zu opfern, gleichfalls fähig wären, zu opfern oder wenigstens dem Nutzen ihrer abstrakten Allgemeinheiten unterzuordnen, wenn man sie nur machen ließe.

Die menschliche Individualität, ebenso die der unbeweglichsten Dinge, ist für die Wissenschaft gleichfalls unfaßbar und sozusagen nicht existierend. Deshalb müssen auch die lebenden Individualitäten sich gegen sie verwahren und schützen, um von ihr nicht wie das Kaninchen zum Nutzen irgendeiner Abstraktion geopfert zu werden; wie sie sich gleichzeitig gegen die Theologie, gegen die Politik und gegen die Rechtswissenschaft verwahren müssen, die alle gleichfalls an jenem abstrahierendem Charakter der Wissenschaft Teil haben und das unheilvolle Streben besitzen, die Individuen dem Vorteil derselben Abstraktionen zu opfern, die nur mit verschiedenen Namen belegt wird; die Theologie nennt sie die göttliche Wahrheit, die Politik das allgemeine Wohl, die Rechtswissenschaft die Gerechtigkeit.

Ich bin weit davon entfernt, die nützlichen Abstraktionen der Wissenschaft mit den verderblichen Abstraktionen der Theologie, der Politik und der Rechtswissenschaft vergleichen zu wollen. Diese letzteren müssen aufhören, zu herrschen, müssen von Grund auf aus der menschlichen Gesellschaft ausgetilgt werden ihr Wert, ihre Befreiung, ihre endgültige Humanisierung sind nur um diesen Preis möglich – während die wissenschaftlichen Abstraktionen im Gegenteil ihren Platz einnehmen müssen, nicht um die menschliche Gesellschaft nach dem freiheitsmörderischen Traum der positivistischen Philosophen zu regieren, sondern um ihre natürliche und lebendige Entwicklung zu beleuchten. Die Wissenschaft kann wohl Anwendung auf das Leben finden, aber nie sich im Leben verkörpern, weil das Leben die unmittelbare und lebendige Wirkung, die gleichzeitig natürliche und schicksalsbestimmte Bewegung der lebendigen Individualitäten ist. Die Wissenschaft ist nur die immer unvollständige und unvollkommene Abstraktion dieser Bewegung. Wenn sie sich ihm als unbedingte Lehre, als herrschende Autorität aufzwingen würde, würde sie es arm machen, verdrehen und lähmen. Die Wissenschaft kann nicht aus ihren Abstraktionen heraus, sie sind ihr Reich. Aber die Abstraktionen und ihre unmittelbaren Vertreter – Priester, Politiker, Juristen, Ökonomisten und Gelehrten – müssen aufhören, die Volksmassen zu beherrschen. Der ganze Fortschritt der Zukunft liegt darin. Er ist das Leben und die Bewegung des Lebens, die individuelle und soziale Wirkung der Menschen, die ihrer vollständigen Freiheit zurückgegeben sind. Er ist die vollständige Vernichtung des Autoritätsprinzips. Und wie? Durch die weiteste Verbreitung der freien Wissenschaft im Volke. Auf diese Weise wird die soziale Masse, außerhalb sich selbst, keine sogenannte absolute Wahrheit mehr haben, die sie lenkt und beherrscht, die vertreten ist von Persönlichkeiten, welche ein großes Interesse daran haben, sie ausschließlich in ihren Händen zu halten, weil sie ihnen die Macht, und mit der Macht den Reichtum, die Möglichkeit gibt, durch die Arbeit der Volksmassen zu leben. Diese Masse wird aber in sich selbst eine immer relative, aber wirkliche Wahrheit, ein Licht haben, welches ihre natürlichen Bewegungen erhellt und jede Autorität und jede äußere Leitung unnötig machen wird.

Jedoch darf man sich nicht zu sehr darauf verlassen, und wenn es beinahe sicher ist, daß kein Gelehrter heute wagen wird, einen Menschen wie ein Kaninchen zu behandeln, muß man doch stets fürchten, daß die Gelehrten als Körperschaft lebende Menschen wissenschaftlichen Versuchen unterwerfen, die für die Opfer gewiß weniger grausam, aber nicht weniger schädlich sein würden. Wenn die Gelehrten an den Körpern einzelner Menschen nicht experimentieren können, werden sie verlangen, am sozialen Körper Versuche zu machen, was man unbedingt verhindern muß.

In ihrer gegenwärtigen Organisation, als Monopolisten der Wissenschaft, die als solche außerhalb des sozialen Lebens bleiben, bilden die Gelehrten eine abgeschlossene Kaste, die viele Ähnlichkeiten mit der Priesterkaste hat. Die wissenschaftliche Abstraktion ist ihr Gott, die lebenden und wirklichen Individuen sind die Opfer; sie sind die geweihten und patentierten Opferpriester.

Die Wissenschaft kann die Sphäre der Abstraktionen nicht verlassen. In dieser Beziehung steht sie unendlich tief unter der Kunst, die zwar auch nur mit allgemeinen Typen und Abstraktionen zu tun hat, dieselben aber durch einen ihr eigenen Kunstgriff in Formen zu verkörpern weiß, die zwar nicht im Sinn des wirklichen Lebens lebendig sind, aber trotzdem in unserer Einbildung das Gefühl oder die Erinnerung dieses Lebens hervorrufen; die Kunst individualisiert gewissermaßen die von ihr erfaßten Typen und Situationen und erinnert uns durch diese Individualitäten ohne Fleisch und Knochen, deren Schaffung in ihrer Macht liegt, die deshalb bleibend und unsterblich sind, an die lebenden, wirklichen Individualitäten, die vor unseren Augen erscheinen und vergehen. Die Kunst ist also in gewissem Grade die Rückkehr von der Abstraktion zum Leben. Die Wissenschaft ist dagegen die beständige Opferung des flüchtigen, vorübergehenden, aber wirklichen Lebens auf dem Altar der ewigen Abstraktion.

Die Wissenschaft kann ebensowenig die Individualität eines Menschen, wie die eines Kaninchen erfassen. Das heißt, sie steht beiden gleich uninteressiert gegenüber. Nicht, daß ihr das Prinzip Individualität unbekannt wäre. Sie erfaßt es vollständig als Prinzip, aber nicht als Tatsache. Sie weiß sehr gut, daß alle Tierarten, die Gattung Mensch einbegriffen, nur wirklich existieren als unbestimmte Zahl von Individuen, die geboren werden und sterben und neuen, ebenso vorübergehenden Individuen Platz machen. Sie weiß, daß mit dem Aufsteigen der Tierarten zu höheren Arten das Prinzip der Individualität mehr hervortritt und die Individuen vollständiger und freier werden. Sie weiß endlich, daß der Mensch, das letzte und vollendetste

Tier auf der Erde, die vollständigste und beachtenswerteste Individualität zeigt wegen seiner Fähigkeit, das allgemeine Gesetz zu erfassen, zu verwirklichen und zu verkörpern. Wenn sie nicht durch theologischen und metaphysischen, politischen und juridischen Doktrinarismus oder durch eng wissenschaftlichen Hochmut verdorben und nicht für die natürlichen Instinkte und Strebungen des Lebens taub ist, weiß sie, und das ist ihr letztes Wort, daß die Achtung des Menschen das oberste Gesetz ist, und daß das große, das wahre, das einzig rechtmäßige Ziel der Geschichte die Humanisierung und Befreiung, das heißt die wirkliche Freiheit, das wirkliche Wohl, das Glück jedes in der Gesellschaft lebenden Individuums ist. Denn schließlich, wenn man nicht in die freiheitstötende Fiktion, daß der Staat das Gemeinwohl vertrete, verfallen will, eine Fiktion, die stets auf die systematische Opferung der Volkmassen gegründet ist, muß man anerkennen, daß die kollektive Freiheit und kollektives Wohlbefinden nur existieren, wenn sie die Summe der Freiheit und Wohlbefindens der Individuen darstellen.

Die Wissenschaft weiß das alles, aber sie geht nicht weiter und kann nicht weitergehen. Da die Abstraktion ihre wahre Natur bildet, kann sie wohl das Prinzip der wirklichen und lebenden Individualität. erfassen, aber sie kann nichts mit den wirklichen und lebenden Individuen zu tun haben. Sie beschäftigt sich mit den Individuen im allgemeinen, aber nicht mit Peter und mit Jakob, nicht mit diesem oder jenem Individuum, die für sie nicht existieren, nicht existieren können. Ihre Individuen sind, nochmals bemerkt, nur Abstraktionen.

Nicht diese abstrakten Individualitäten aber, sondern die wirklichen, lebenden, vorübergehenden Individuen machen die Geschichte. Abstraktionen haben keine Füße, sie gehen nur, wenn sie von wirklichen Menschen getragen werden. Für diese wirklichen Wesen, die nicht nur in der Idee, sondern in Wirklichkeit aus Fleisch und Blut bestehen, hat die Wissenschaft kein Interesse. Sie betrachtet sie höchstens als Material zu geistiger und sozialer Entwicklung. Was liegt ihr an den besonderen Interessen und dem zufälligen Schicksal von Peter und Jakob? Sie würde sich lächerlich machen, abdanken und sich selbst aufheben, wollte sie sich damit anders befassen, als mit einem Beispiel zur Stütze ihrer ewigen Theorien. Und es wäre lächerlich, ihr deshalb böse zu sein; denn dies ist nicht ihre Aufgabe. Sie kann das Wirkliche nicht erfassen, sie kann sich nur in Abstraktionen bewegen. Ihre Aufgabe ist die Beschäftigung mit der Lage und den allgemeinen Daseins- und Entwicklungsbedingungen der Menschheit im allgemeinen oder einer bestimmten Rasse, eines Volkes, einer Klasse von Individuen, mit den allgemeinen Ursachen ihrer Wohlfahrt oder ihres Verfalls und den allgemeinen Mitteln, auf jede Weise den Fortschritt zu fördern. Wenn sie nur diese Aufgabe in weitem, vernünftigen Sinn erfüllt, hat sie ihre ganze Pflicht getan, und es wäre wahrhaft lächerlich und ungerecht, mehr von ihr zu verlangen.

Aber es wäre ebenso lächerlich und unheilvoll, ihr eine Aufgabe anzuvertrauen, die sie unfähig ist, durchzuführen. Da ihre eigene Natur sie zwingt, das Dasein und das Schicksal von Peter und Jakob zu übergehen, darf man nie erlauben, daß sie selbst oder jemand in ihrem Namen Peter und Jakob beherrscht. Denn sie wäre wohl imstande, sie beinahe so zu behandeln, wie sie die Kaninchen behandelt. Oder vielmehr, sie würde fortfahren, sie außer Acht zu lassen, ihre patentierten Vertreter aber, die durchaus nicht abstrakte, sondern sehr lebendige Männer mit sehr wirklichen Interessen sind, würden dem verderblichen Einfluß nachgeben, den jedes Vorrecht unvermeidlich auf die Menschen ausübt, und würden die Menschen im Namen der Wissenschaft schinden, wie die Priester, die Politiker aller Farben und die Advokaten im Namen Gottes, des Staates und des juridischen Rechts sie bis jetzt geschunden haben.

Was ich predige, ist also, bis zu einem gewissen Grade, die Empörung des Lebens gegen die Wissenschaft oder vielmehr gegen die Herrschaft der Wissenschaft, nicht um die Wissenschaft zu zerstören – dies wäre ein Verbrechen an der Menschheit,- sondern um sie an ihren Platz zu weisen, den sie nie wieder verlassen sollte. Bis jetzt war die ganze Geschichte der Menschheit nur ein beständiges und blutiges Opfern von Millionen armer, menschlicher Wesen für irgendeine unerbitterliche Abstraktion: Götter, Vaterland, Staatsmacht, nationale Ehre, juridische Rechte, politische Freiheit, öffentliches Wohl. Solcher Art war bis jetzt die natürliche, freiwillige, unvermeidliche Bewegung der menschlichen Gesellschaften. Wir können nichts daran ändern; wir müssen es, was die Vergangenheit betrifft, annehmen, wir wir alles natürliche Unheil annehmen. Man muß glauben, daß dies der einzig mögliche Weg zur Erziehung des Menschengeschlechts war. Denn man darf sich nicht täuschen: selbst wenn man den machiavellistischen Künsten der herrschenden Klassen den größten Anteil zuschreibt, müssen wir anerkennen, daß keine Minderheiten mächtig genug gewesen wären, all diese schrecklichen Opfer den Massen aufzulegen, wenn es nicht in diesen Massen selbst eine freiwillige, schwindelartige Bewegung gegeben hätte, [8]die sie dazu trieb, sich immer von neuem einer dieser verzehrenden Abstraktionen zu opfern, die, wie die Vampire der Geschichte, sich immer von menschlichem Blut nähren.

Daß die Theologen, Politiker und Juristen dies sehr schön finden, ist klar. Als Priester dieser Abstraktionen leben sie nur von dieser beständigen Opferung der Volksmassen. Ebensowenig darf man erstaunen, wenn auch die Metaphysik ihre Zustimmung dazu gibt. Ihre einzige Aufgabe ist ja, das Unbillige und Unsinnige zu rechtfertigen und möglichst vernünftig erscheinen zu lassen. Daß aber die positive Wissenschaft bis jetzt das gleiche Bestreben zeigte, müssen wir feststellen und beklagen. Sie konnte es nur aus zwei Ursachen tun: einmal, weil sie außerhalb des Volkslebens stehend, von einer bevorrechteten Körperschaft vertreten wird, und dann, weil sie sich bis jetzt als absolutes und letztes Ziel aller menschlichen Entwicklung aufgestellt hat, während sie auf Grund bedachter Kritik, die sie anzuwenden fähig ist und die sie sich letzten Endes gegen sich selbst anzuwenden gezwungen sehen wird, hätte verstehen müssen, daß sie nur ein notwendiges Mittel zur Verwirklichung eines viel höheren Ziels ist: das der vollständigen Humanisierung der wirklichen Lage aller wirklichen Individuen, die auf der Erde geboren werden, leben und sterben.

Der ungeheure Vorzug der positiven Wissenschaft vor der Theologie, Metaphysik, Politik und dem juridischen Recht besteht darin, daß sie statt der von diesen Lehren verkündeten lügenhaften und unheilvollen Abstraktionen wahre Abstraktionen aufstellt, welche die allgemeine Natur und die Logik der Tatsachen selbst, ihre allgemeinen Beziehungen und die allgemeinen Gesetze ihrer Entwicklung ausdrücken. Dies trennt sie scharf von allen vorhergehenden Lehren und wird ihr immer eine große Stellung in der menschlichen Gesellschaft sichern. Sie wird gewissermaßen deren kollektives Bewußtsein bilden. Andererseits aber schließt sie sich all diesen Lehren vollständig an: dadurch, daß sie als Gegenstand nur Abstraktionen hat und haben kann, und durch ihr Wesen gezwungen ist, die wirklichen Individuen außer Acht zu lassen, außerhalb welcher selbst die richtigsten Abstraktionen keine wirkliche Existenz haben. Um diesen wesentlichen Fehler zu beheben, müßte sich das praktische Vorgehen der vorgenannten Lehren und das der positiven Wissenschaft in folgendem unterscheiden: Erstere benutzen die Unwissenheit der Massen, um sie mit Wollust ihren Abstraktionen zu opfern, die übrigens für ihre Vertreter stets sehr einträglich sind. Letztere muß in Erkenntnis ihrer absoluten Unfähigkeit, die wirklichen Individuen zu erfassen und sich für ihr Schicksal zu interessieren, endgültig und unbedingt auf die Regierung der Gesellschaft verzichten; denn wenn sie sich um dieselbe kümmern sollte, könnte sie nichts anderes tun, als stets die lebenden Menschen, die die Welt kennt, ihren Abstraktionen zu opfern, die den einzigen, sie wirklich beschäftigenden Gegenstand bilden.

Die wahre Geschichtswissenschaft zum Beispiel ist noch nicht, und man beginnt kaum heutzutage sich von ihren unendlich verwickelten Bedingungen eine Vorstellung zu machen. Aber nehmen wir an, diese Wissenschaft besteht: was wird sie uns geben können? Sie wird das treue, wohldurchdachte Bild der natürlichen Entwicklung der allgemeinen, materiellen und ideellen, politischen und sozialen, religiösen, philosophischen, ästhetischen und wissenschaftlichen Verhältnisse der Gesellschaft geben, welche eine Geschichte gehabt haben. Aber dies allgemeine Bild der menschlichen Kultur, wie sehr es auch in die Einzelheiten gehen mag, wird stets nur allgemeine und folglich abstrakte Würdigungen enthalten können in dem Sinne, daß die Milliarden menschlicher Individuen, welchen den lebenden und leidenden Stoff dieser Geschichte bilden, die zugleich triumphierend und trostlos ist – triumphierend im Hinblick auf ihre allgemeinen Ergebnisse, trostlos in Hinsicht auf die ungeheure, ‚unter ihrem Willen erdrückte‘ Hekatombe menschlicher Opfer –, daß diese Milliarden schattenhafter Individuen, ohne welche aber keines dieser abstrakten Resultate der Geschichte erreicht worden wäre und die, wohlbemerkt, nie den Vorteil von einem dieser Ergebnisse hatten,- daß diese Individuen also nicht einmal den geringsten Platz in der Geschichte finden würden. Sie lebten und wurden zum Wohl der abstrakten Humanität geopfert und vernichtet.

Sollen wir daraus der Geschichtswissenschaft einen Vorwurf machen? Dies wäre lächerlich und ungerecht. Individuen sind unfaßbar für das Denken, die Überlegung, selbst für das menschliche Wort, das nur Abstraktionen auszudrücken fähig ist, unfaßbar in der Gegenwart wie in der Vergangenheit. Auch die Sozialwissenschaft, die Wissenschaft der Zukunft, wird also notgedrungen fortfahren, sie nicht in den Kreis ihrer Betrachtungen zu ziehen. Wir haben nur das Recht, von ihr zu verlangen, daß sie uns mit fester und treuer Hand die allgemeinen Ursachen der persönlichen Leiden anzeigt, und unter diesen Ursachen wird sie gewiß die leider nur zu häufige Opferung und Unterordnung von lebenden Individuen zugunsten abstrakter Allgemeinheiten nicht vergessen, und sie möge uns gleichzeitig die allgemeinen Bedingungen der wirklichen Befreiung der lebenden Individuen in der Gesellschaft zeigen. Dies ist ihre Aufgabe, dies sind auch ihre Grenzen, außerhalb welcher die Tätigkeit der Sozialwissenschaft nur ohnmächtig und verhängnisvoll sein könnte. Denn jenseits dieser Grenzen beginnen die doktrinären und Regierungsansprüche ihrer patentierten Vertreter, ihrer Priester. Und es ist an der Zeit, mit allen Päpsten und Priestern ein Ende zu machen: wir wollen keine mehr, selbst wenn sie sich sozialistische Demokraten nennen würden.

Noch einmal: die einzige Aufgabe der Wissenschaft ist, den Weg zu erhellen. Aber nur das, von allen Regierungs- und doktrinären Fesseln befreite, der Fülle seiner natürlichen Tätigkeit wiedergegebene Leben kann schöpferisch tätig sein. Wie ist dieser Widerspruch zu lösen?

Die Wissenschaft ist einerseits zur vernünftigen Organisation der Gesellschaft unentbehrlich, andererseits darf sie, da sie unfähig ist, sich für das Wirkliche und Lebendige zu interessieren, sich nicht um die wirkliche und praktische Organisation der Gesellschaft kümmern.

Dieser Widerspruch kann nur auf eine Art gelöst werden: Durch die Auflösung der Wissenschaft als außerhalb des sozialen Lebens aller existierenden Wesen, das als solches von der Körperschaft patentierter Gelehrter vertreten wird, und durch ihre Verbreitung in den Volksmassen. Die Wissenschaft, die berufen ist, hinfort das kollektive Bewußtsein der Gesellschaft zu vertreten, muß wirklich Eigentum aller werden. Ohne ihren universellen Charakter zu verlieren, den sie nie aufgeben kann, ohne aufzuhören Wissenschaft zu sein, und fortfahrend sich mit den allgemeinen Verhältnissen und Beziehungen der Individuen und Dinge zu beschäftigen, wird sie tatsächlich mit dem unmittelbaren und wirklichen Leben aller Individuen verschmelzen. Diese Bewegung wird derjenigen ähnlich sein, welche die Protestanten zu Anfang der Reformation sagen ließ, daß man jetzt keine Priester mehr brauche, da jeder Mensch, dank allein der unsichtbaren Vermittlung unseres Herrn Jesus Christus, jetzt seinen Herrgott in sich habe. Aber hier handelt es sich nicht um den Herrn Jesus Christus, noch um den Herrgott, noch um politische Freiheit, juridisches Recht, was bekanntlich alles theologisch und metaphysisch geoffenbarte und – gleich unverdauliche Dinge sind. Die Welt der wissenschaftlichen Abstraktionen ist nicht geoffenbart, sie ist der wirklichen Welt eigen und ist deren Ausdruck und allgemeine und abstrakte Darstellung. Solange diese ideale Welt eine getrennte Region bildet, die speziell von der Körperschaft der Gelehrten vertreten wird, droht sie der wirklichen Welt gegenüber den Platz Gottes einzunehmen und ihren patentierten Vertretern das Priesteramt vorzubehalten. Deshalb ist es notwendig, durch allgemeinen, für alle und alle Geschlechter gleichen, Unterricht die abgeschlossene soziale Organisation der Wissenschaft aufzulösen, damit die Massen aufhören, von bevorrechteten Hirten geführte und geschorene Herden zu sein, und von jetzt ab ihr Schicksal selbst in die Hand nehmen können. [9]

Dürfen aber die Massen, bis sie diesen Bildungsstand erreicht haben, von den Männern der Wissenschaft geleitet werden? Gott bewahre! Es wäre für sie besser, sich ohne Wissenschaft zu behelfen, als sich von den Gelehrten regieren zu lassen. Die erste Folge einer Gelehrtenregierung wäre, daß die Wissenschaft dem Volke unzugänglich würde, und eine solche Regierung würde notwendigerweise eine aristokratische sein, weil die Wissenschaft, wie sie gegenwärtig besteht, eine aristokratische Einrichtung ist. Aristokratie der Intelligenz – in praktischer Beziehung die unbarmherzigste, in sozialer Hinsicht die anmaßendste und herausforderndste – dies wäre die im Namen der Wissenschaft errichtete Macht. Diese Regierung wäre imstande, Leben und Bewegung der Gesellschaft zu lähmen. Die Gelehrten, die immer anspruchsvoll und dünkelhaft, immer ohnmächtig sind, würden sich um alles kümmern wollen, und alle Quellen des Lebens würden unter ihrem abstrakten und gelehrten Hauch austrocknen.

Noch einmal: das Leben, nicht die Wissenschaft schafft das Leben. Es wäre gewiß ein großes Glück, wenn die Wissenschaft schon heute den natürlichen Zug des Volkes seiner Befreiung entgegen erhellen könnte. Aber gar kein Licht ist noch besser als ein falsches, das spärlich von außen leuchtet mit dem klaren Zweck, das Volk irrezuführen. Übrigens wird das Licht dem Volk nicht ganz fehlen. Nicht vergeblich durchlief ein Volk eine lange geschichtliche Laufbahn und zahlte für seine Irrtümer mit Jahrhunderten schrecklicher Leiden. Die praktische Zusammenfassung dieser schmerzlichen Erfahrungen bildet eine Art überlieferter Wissenschaft, die in gewisser Hinsicht soviel wert ist wie die theoretische Wissenschaft. Endlich wird ein Teil der studierenden Jugend, diejenigen Bourgeoisstudenten, die hinreichend Haß gegen die Lüge, die Heuchelei, die Nichtswürdigkeit und Feigheit der Bourgeoisie empfinden, um in sich den Mut zu finden, ihr den Rücken zu kehren, und hinreichende Leidenschaft, um ohne Vorbehalt die gerechte und menschliche Sache des Proletariats zu der ihren zu machen, wie ich schon sagte, die brüderlichen Unterweiser des Volkes sein; wenn sie ihm die noch fehlenden Kenntnisse bringen, werden sie die Regierung der Gelehrten ganz unnötig machen.

Wenn das Volk sich vor der Regierung der Gelehrten hüten muß, so muß es noch mehr vor der der erleuchteten Idealisten auf der Hut sein. Je aufrichtiger diese Gläubigen und Dichter des Himmels sind, desto gefährlicher werden sie. Die wissenschaftliche Abstraktion, sagte ich, ist eine vernünftige, in ihrem Wesen wahre Abstraktion, die dem Leben notwendig, dessen theoretische Darstellung, dessen Bewußtsein ist. Sie kann und muß vom Leben aufgenommen und verarbeitet werden. Die idealistische Abstraktion, Gott, ist ein ätzendes Gift, welche das Leben zerstört und zersetzt, fälscht und tötet. Der Hochmut der Idealisten, der kein persönlicher, sondern ein göttlicher ist, ist unbesiegbar und unversöhnlich. Er kann und muß sterben, wird aber nie weichen, und noch mit dem letzten Atemzug wird er versuchen, die Welt unter den Fuß seines Gottes zu knechten, geradeso wie die preußischen Leutnants, diese praktischen Idealisten Deuschlands, sie unter den gespornten Stiefeln ihres Königs zertreten zu sehen wünschen. Der Glaube ist derselbe – seine Gegenstände sind nicht einmal sehr verschieden – und der Glaube zeitigt dasselbe Ergebnis: Knechtschaft.

Dies ist gleichzeitig der Triumph des krassesten und brutalsten Materialismus: für Deutschland bedarf dies keines Beweises, denn man müßte wirklich blind sein, um es im gegenwärtigen Augenblick nicht zu sehen. Aber ich halte es für nötig, dies auch in Bezug auf den göttlichen Idealismus zu beweisen.

* * *

Der Mensch ist, wie die ganze übrige Welt, ein vollständig materielles Wesen. Der Geist, die Fähigkeit zu denken, die verschiedenen äußeren und inneren Eindrücke zu empfangen und zurückzuwerfen, sich der vergangenen zu erinnern und sie durch das Gedächtnis wieder hervorzubringen, sie zu vergleichen und zu unterscheiden, gemeinsame Eigenschaften zu abstrahieren, und so allgemeine oder abstrakte Begriffe zu schaffen, schließlich durch verschiedene Gruppierung und Zusammenfassung der Begriffe Ideen zu bilden,- die Intelligenz mit einem Wort, der einzige Schöpfer all unserer idealen Welt, gehört dem tierischen Körper an und in Besonderheit der ganz materiellen Organisation des Gehirns.

Wir wissen dies ganz bestimmt durch die allgemeine Erfahrung, die durch nichts je widerlegt werden und die jeder Mensch in jedem Augenblick seines Lebens nachprüfen kann. In allen Tieren, die niedrigsten Arten nicht ausgenommen, finden wir einen gewissen Grad von Intelligenz, und wir sehen, daß in der Reihe der Arten die tierische Intelligenz sich umso mehr entwickelt, je mehr sich der Organismus einer Art dem des Menschen nähert, daß sie aber im Menschen allein zu jener Macht der Abstraktion gelangt, welche eigentlich das Leben ausmacht.

Die allgemeine Erfahrung, [10]welche in ihrer Ganzheit der einzige Ursprung, die Quelle all unserer Kenntnisse ist, zeigt uns also erstens, daß jedes Tier Intelligenz besitzt, zweitens, daß die Intensität, die Kraft dieser tierischen Funktion, von der relativen Vollkommenheit des tierischen Organismus abhängt. Dieses zweite Ergebnis der allgemeinen Erfahrung ist nicht nur auf die verschiedenen Tierarten anwendbar; wir stellen das gleiche bei den Menschen fest, deren geistige und moralische Kraft nur zu deutlich von der größeren oder geringeren Vollkommenheit ihres Organismus als Rasse, als Nation, als Klasse und als Individuum abhängt, so daß es nicht nötig ist, diesen Punkt besonders hervorzuheben. [11]

Andererseits ist es sicher, daß kein Mensch je den reinen, von jeder körperlichen Form losgelösten, von einem tierischen Körper getrennten Geist sah oder sehen konnte. Wenn ihn aber nie jemand sah, wie konnten die Menschen zu dem Glauben an seine Existenz gelangen? Denn dieser Glaube steht allgemein fest, und er ist, wenn auch nicht universell, wie die Idealisten behaupten, so doch wenigstens sehr allgemein und als solcher ganz unserer aufmerksamen Beachtung wert; denn ein allgemeiner Glaube, wie dumm er auch sein mag, übt immer einen allzu mächtigen Einfluß auf die Geschicke der Menschheit aus, als daß es erlaubt wäre, ihn außer Acht zu lassen oder von ihm abzusehen.

* * *

Die Tatsache dieses Glaubens erklärt sich übrigens auf natürliche und vernünftige Weise. Das Beispiel von Kindern und Jünglingen, selbst von vielen Erwachsenen, zeigt uns, daß der Mensch seine geistigen Fähigkeiten schon lange gebrauchen kann, bevor er sich darüber Rechenschaft ablegt, wie er sie ausübt, bevor er zum klaren und genauen Bewußtsein dieser Ausübung kommt. In dieser Zeit, in der der Geist seiner selbst unbewußt in Tätigkeit tritt, in der die Intelligenz naiv oder gläubig tätig ist, schafft der von der äußeren Welt bedrückte Mensch, von dem inneren Stachel, dem Leben und den vielartigen Bedürfnissen des Lebens getrieben, eine Menge Einbildungen, Begriffe und Ideen, die notwendigerweise zuerst sehr unvollkommen und der Wirklichkeit der Dinge und Tatsachen, die sie sich auszudrücken bemühen, sehr wenig entsprechen. Und da er sich seiner eigenen Verstandestätigkeit nicht bewußt ist, da er noch nicht weiß, daß er selbst diese Einbildungen, Begriffe und Ideen hervorbringt und hervorzubringen fortfährt, da er selbst ihren ganz subjektiven, d.h. menschlichen Ursprung nicht kennt, betrachtet er sie natürlich mit Notwendigkeit als objektive Wesen, als wirkliche Wesen, die von ihm selbst ganz unabhängig durch sich selbst und in sich selbst sind.

Auf diese Weise schufen die Naturvölker, die langsam ihre tierische Unschuld verließen, ihre Götter. Nachdem sie sie geschaffen, fiel ihnen nicht ein, daß sie selbst ihre einzigen Schöpfer waren, und sie beteten sie an, betrachteten sie als wirkliche, ihnen selbst unendlich überlegene Wesen, legten ihnen Allmacht bei und erklärten sich als ihre Geschöpfe, ihre Sklaven. Mit der Weiterentwicklung der menschlichen Ideen idealisierten sich auch die Götter, die, wie ich bemerkte, stets nur der phantastische, ideale, poetische Widerschein oder das verkehrte Bild dieser Ideen waren. Aus groben Fetischen wurden sie allmählich zu reinen Geistern, die außerhalb der sichtbaren Welt existieren, und zum Schluß, als Folge einer langen geschichtlichen Entwicklung, verschmolzen sie in ein einziges göttliches Wesen, den reinen, ewigen, absoluten Geist, den Schöpfer und Herrn der Welten.

In der richtigen oder falschen, wirklichen oder eingebildeten Entwicklung kostet immer der erste Schritt am meisten, ist die erste Handlung die schwierigste. Wenn der erste Schritt getan, die erste Handlung vollzogen, folgt das Übrige in natürlicher Weise als notwendige Folge. Das Schwierige in der geschichtlichen Entwicklung des schrecklichen, religiösen Wahnsinns, der uns noch immer besessen hält und erdrückt, war also die Aufstellung einer göttlichen Welt als solcher, außerhalb der wirklichen Welt. Dieser erste Akt der Verrücktheit, so natürlich er vom psychologischen Gesichtspunkt und so notwendig er demzufolge in der Geschichte der Menschheit sein mag, vollzog sich nicht auf einen Schlag. Es brauchte, ich weiß nicht wie viel, Jahrhunderte, um diesen Glauben zu entwickeln und in die geistigen Gewohnheiten der Menschen eindringen zu lassen. Nachdem er sich aber einmal festgesetzt hatte, wurde er menschlichen Gehirns bemächtigt. Man nehme einen Narren; welches immer der besondere Gegenstand seiner Narrheit sein mag, man wird finden, daß die dunkle und fixe Idee, die von ihm Besitz ergriffen, ihm die natürlichste Sache von der Welt scheint, während dagegen die dieser Idee widersprechenden natürlichen und wirklichen Tatsachen ihm lächerlicher und verhaßter Wahnsinn zu sein scheinen. Nun, die Religion ist ein gemeinsamer Wahnsinn, der umso mächtiger ist, weil es ein überlieferter Wahnsinn ist, dessen Ursprung sich im entferntesten Altertum verliert. Als allgemeiner Wahnsinn drang sie in alle öffentlichen und privaten Einzelheiten des sozialen Daseins eines Volkes ein, verkörperte sich in der Gesellschaft, wurde sozusagen deren Seele und gemeinsamer Gedanke. Jeder Mensch ist von seiner Geburt an von ihr umringt, nimmt sie mit der Muttermilch in sich auf, nimmt sie auf mit allem, was er hört und sieht. Er wurde damit so sehr genährt, vergiftet und in seinem ganzen Wesen durchdrungen, daß er später, wie mächtig auch sein natürlicher Verstand sein mag, unerhörte Anstrengungen machen muß, sich von ihr zu befreien, und nie gelingt ihm dies vollständig. Unsere modernen Idealisten sind ein Beweis hierfür; ein weiterer Beweis sind unsere doktrinären Materialisten, die deutschen Kommunisten: sie konnten sich von der Religion des Staates nicht losmachen.

Sobald aber die übernatürliche, die göttliche Welt sich in der überlieferten Einbildung der Völker festgesetzt hatte, ging die Entwicklung der verschiedenen religiösen Systeme ihren natürlichen und logischen Lauf, immer übrigens der gleichzeitigen, tatsächlichen Entwicklung der wirtschaftlichen und politischen Beziehungen entsprechend, deren treue Wiedergabe und göttliche Weihe in der Welt der religiösen Phantasie sie stets war. So entwickelte sich der gemeinsame geschichtliche Wahnsinn, den man Religion nennt, vom Fetischismus, durch alle Grade des Polytheismus, bis zum christlichen Monotheismus.

Der zweite Schritt in der Entwicklung des religiösen Glaubens, nach der Errichtung einer getrennten göttlichen Welt gewiß der schwerste, war gerade dieser Übergang vom Polytheismus zum Monotheismus, vom religiösen Materialismus der Heiden zum vergeistigten Glauben der Christen. Die heidnischen Götter, dies war ihr wesentlicher Charakterzug, waren vor allem ausschließlich nationale Götter. Da sie ferner zahlreich waren, bewahrten sie notwendigerweise einen mehr oder weniger körperlichen Charakter, oder vielmehr, weil sie körperlich waren, waren sie so zahlreich, da Verschiedenheit eine der Haupteigenschaften der wirklichen Welt ist. Die heidnischen Götter waren noch nicht im eigentlichen Sinne die Verneinung der wirklichen Dinge, sie waren nur ihre phantastische Übertreibung.

* * *

Um auf den Trümmern ihrer so zahlreichen Altäre den Altar eines einzigen und obersten Gottes, des Herrn der Welt, zu errichten, mußte also zuerst das selbständige Dasein der verschiedenen Nationen der heidnischen oder antiken Welt zerstört werden. Dies taten die Römer auf sehr brutale Weise; sie schufen durch Eoberung des größten Teils der den Alten bekannten Welt gewissermaßen den ersten, gewiß noch ganz negativen und groben Entwurf der Idee der Menschheit.

Ein Gott, der sich so über alle materiellen und sozialen Unterschiede aller Länder erhob, der in gewissem Sinn deren direkte Verneinung war, mußte ein unkörperliches und abstraktes Wesen sein. Aber der so schwierige Glaube an das Dasein eines solchen Wesens konnte nicht auf einen Schlag entstehen. Er wurde, wie ich im Anhang zeige, von der griechischen Metaphysik lange vorbereitet und entwickelt, welche zuerst philosophisch den Begriff der Gottesidee aufstellte, einen ewig schaffenden und stets von der sichtbaren Welt wiedergeschaffenen Typus. Aber die von der griechischen Philosophie entworfene und geschaffene Gottheit war eine unpersönliche Gottheit, da keine konsequente und ernste Metaphysik sich zur Idee einer persönlichen Gottheit erheben oder vielmehr erniedrigen kann. Man mußte also einen Gott finden, der gleichzeitig einzig und sehr persönlich war. Er fand sich in der sehr brutalen, sehr egoistischen, sehr grausamen Person Jehovas, des Nationalgottes der Juden. Aber die Juden waren, trotz des zugeknöpften nationalen Geistes, der ihnen noch heute eigen ist, lange vor

Christi Geburt das internationalste Volk der Erde geworden. Teils als Gefangene verschleppt, viel mehr noch getrieben durch ihre Handelsleidenschaft, einem der Hauptzüge ihres National-charakters, waren sie über alle Länder verbreitet und trugen überallhin den Kult ihres Jehova, dem sie umso treuer wurden, je mehr er sie im Stiche ließ.

In Alexandrien machte dieser schreckliche Gott der Luden die persönliche Bekanntschaft der metaphysischen Gottheit Platos, die die Berührung mit dem Orient schon sehr verdorben hatte und die später durch die Berührung mit Jehova noch mehr verdorben wurde. Ꞇotz seiner nationalen, eifersüchtigen Abgeschlossenheit konnte er der Anmut dieser idealen und unpersön-lichen Gottheit der Griechen nicht lange widerstehen. Er vermählte sich mit ihr und aus dieser Ehe wurde der geistige – aber nicht geistreiche – Gott der Christen geboren. Es ist bekannt, daß die alexandrinischen Neuplatoniker die Hauptschöpfer der christlichen Theologie waren.

Aber die Theologie bildet noch nicht die Religion, wie geschichtliche Elemente noch nicht genügen, die Geschichte zu schaffen. Ich nenne geschichtliche Elemente die allgemeinen An-lagen und Verhältnisse irgendeiner wirklichen Entwicklung, im vorliegenden Fall zum Beispiel die römische Eroberung um das Zusammentreffen des Gottes der Juden mit der idealen Gott-heit der Griechen. Zur Befruchtung dieser geschichtlichen Elemente, zur Hervorbringung einer Reihe neuer geschichtlicher Wandlungen aus ihnen ist eine lebende, natürliche Tatsache nötig, ohne welche sie noch jahrhundertelang nichts zeugende Elemente hätten bleiben können. Diese Tatsache fehlte dem Christentum nicht: es war das Leben, das Leiden und der Tod Jesu Christi.

Wir wissen beinahe nichts von dieser großen und heiligen Persönlichkeit; alles, was die Evan-gelien von ihr berichten, ist so widerspruchsvoll und so sagenhaft, daß wir kaum einige wirk-liche, lebendige Züge daraus entnehmen können. Gewiß ist, daß er der Prediger der armen Leute war, der Freund und Tröster der Elenden, der Unwissenden, der Sklaven und der Frauen, und daß er von letzteren sehr geliebt wurde. Er versprach allen Unterdrückten, allen hienie-den Leidenden – und ihre Zahl ist ungeheuer groß – das ewige Leben. Er wurde, wie sich von selbst versteht, von den Vertretern der offiziellen Moral und der öffentlichen Ordnung seiner Zeit gekreuzigt. Seine Schüler und deren Schüler konnten sich, dank der römischen Eroberung, welche die nationalen Grenzen zerstört hatte, verbreiten und trugen tatsächlich die Lehre des Evangeliums in alle den Alten bekannte Länder. Überall wurden sie von den Sklaven und den Frauen mit offenen Armen empfangen, den beiden am meisten unterdrückten, am meisten lei-denden und natürlich auch unwissendsten Klassen der antiken Welt. Die wenigen Bekehrten, die sie in der priviligierten und gebildeten Welt gewannen, verdankten sie größtenteils auch nur dem Einfluß der Frauen. Ihre meiste Lehre fand fast ausschließlich im Volk statt, das durch die Sklaverei ebenso unglücklich wie verdummt war. Es war das erste Erwachen, die erste grund-legende Empörung des Proletariats.

Die große Ehre des Christentums, sein unbestreitbares Verdienst und das ganze Geheimnis seines unerhörten und übrigens ganz berechtigten Triumphes war, daß es sich an das ungeheuer leidende Volk wandte, dem die antike Welt, die eine enge und grausame geistige und politische Aristokratie bildete, auch die letzten Eigenschaften und einfachsten Rechte der Menschheit verweigerte. Sonst hätte es sich nie verbreiten können. Die von den Aposteln Christi gepredigte Lehre, so trostreich sie den Unglücklichen erscheinen mochte, war vom Gesichtspunkt der menschlichen Vernunft aus zu empörend, zu unsinnig, als daß aufgeklärte Männer sie hätten annehmen können. Wie triumphierend spricht nicht auch der heilige Apostel Paulus von dem Ärgernis des Glaubens und dem Triumph dieser göttlichen Narrheit, welche die Mächtigen und Weisen dieser Zeit zurückwiesen, welche aber umso leidenschaftlicher von den Einfachen, den Unwissenden und den Armen im Geist angenommen wurde!

Es muß wirklich sehr tiefe Unzufriedenheit mit dem Leben, sehr großer Durst des Herzens und beinahe vollständige Geistesarmut vorhanden sein, um die christliche Sinnlosigkeit anzu-nehmen, die kühnste und ungeheuerlichste aller religiösen Sinnlosigkeiten.

Sie war nicht nur die Verneinung aller politischen, sozialen und religiösen Einrichtungen des Altertums, sondern der unbedingte Umsturz des gesunden Menschenverstandes, aller menschli-chen Vernunft. Das wirklich existierende Wesen, die wirkliche Welt, wurden von jetzt ab als das

Nichts betrachtet; das Produkt der menschlichen Abstraktionsfähiekeit, die letzte und höchste Abstraktion, in welcher diese Fähigkeit nach Uberschreitung aller existierenden Dinge, der allgemeinsten Bestimmungen des lebenden Wesens, wie der Ideen von Zeit und Raum sogar, nach denen nichts zu überschreiten übrigbleibt, in der Betrachtung ihrer Leere und absoluten Unbeweglichkeit ruht (siehe den Anhang), diese Abstraktion also, dieser tote Rückstand, jeden Inhalts leer, das wahre Nichts, Gott, wird zum einzigen wirklichen, ewigen, allmächtigen Wesen proklamiert. Das wirkliche All wird als Nichts erklärt und das absolute Nichts als All. Der Schatten wird der Körper und der Körper verschwindet wie ein Schatten. [12]

Es war eine unerhörte Kühnheit und Sinnlosigkeit, das wahre Ärgernis des Glaubens, der Sieg der gläubigen Dummheit über den Geist, für die Massen, und für einige wenige der triumphierende Spott eines ermüdeten, verdorbenen und entäuschten Geistes, den das ehrliche und ernste Suchen der Wahrheit anekelte, das Bedürfnis, sich zu betäuben und zu verdummen, wie es sich oft bei abgestumpften Geistern findet: credo quia absurdum („Ich glaube nicht nur das Unsinnige; ich glaube daran gerade und hauptsächlich, weil es das Unsinnige ist.") So glauben viele aufgeklärte und ausgezeichnete Geister in unseren Tagen an den tierischen Magnetismus, den Spiritismus, das Tischrücken,- aber warum soweit gehen? – sie glauben noch an das Christentum, an den Idealismus, an Gott.

Der Glaube des antiken Proletariats, ebenso wie der der modernen Massen nach ihm, war derber und einfacher. Die christliche Lehre hatte sich an sein Herz gewendet, nicht an seinen Geist, an sein ewiges Trachten, seine Bedürfnisse, seine Leiden, seine Sklaverei, nicht an seine noch schlummernde Vernunft, für welche die logischen Widersprüche, die augenscheinliche Sinnlosigkeit also, nicht existieren konnten. Die einzige Frage, welche das antike Proletariat interessierte, war die, wann die Stunde der versprochenen Erlösung schlagen, wann das Reich Gottes kommen würde. Um die theologischen Dogmen kümmerte es sich nicht, weil es nichts davon verstand. Das zum Christentum bekehrte Proletariat bildete seine aufsteigende materielle Macht, nicht sein theoretisches Denken.

Die christlichen Dogmen wurden bekanntlich in einer Reihe literarischer, theologischer Arbeiten und auf den Kirchenversammlungen hauptsächlich von den bekehrten Neuplatonikern des Orients ausgearbeitet. Der griechische Geist war so tief gesunken, daß wir schon im vierten christlichen Jahrhundert, der Zeit der ersten Kirchenversammlung, die Idee eines persönlichen Gottes, des reinen, ewigen, absoluten Geistes, des Schöpfers und obersten Herrn der Welt, der außerhalb der Welt existiert, von allen Kirchenvätern einstimmig angenommen finden, und als logische Konsequenz dieser absoluten Sinnlosigkeit den jetzt natürlichen und notwendigen Glauben an die Geistigkeit und Unsterblichkeit der menschlichen Seele, die in einem sterblichen, aber nur zum Teil sterblichen Körper wohnt und eingesperrt ist; – nur zum Teil sterblich, weil ein Teil des Körpers, obgleich körperlich, unsterblich wie die Seele ist und wie die Seele wieder auferstehen wird. So schwer wurde es selbst Kirchenvätern, sich den reinen Geist außerhalb jeder Körperform vorzustellen!

Im allgemeinen liegt es in der Art aller theologischen und auch metaphysischen Gedankengänge, zu versuchen, eine Sinnlosigkeit durch eine andere zu erklären.

Es war ein großes Glück für das Christentum, daß es die Welt der Sklaven fand. Ein anderes Glück widerfuhr ihm: der Einfall der Barbaren. Die Barbaren waren tapfere Leute, voll natürlicher Kraft, und vor allem belebt und getrieben von großem Lebensbedürfnis und großer Lebensfähigkeit; erprobte Räuber, fähig, alles zu verwüsten und zu verschlingen, wie ihre Nachfolger, die heutigen Deutschen; viel weniger systematisch und pedantisch in ihrem Räubertum als letztere, weniger moralisch, weniger gelehrt, aber dagegen viel unabhängiger und stolzer, fähig der Wissenschaft und der Freiheit nicht unfähig, wie die Bourgeois des modernen Deutschland. Aber trotz all dieser großen Eigenschaften waren sie nichts als Barbaren, d. h., allen Fragen der Theologie und Metaphysik gegenüber ebenso gleichgültig, wie die antiken Sklaven, von denen übrigens viele ihrer Rasse angehörten. Sobald also einmal ihr praktischer Widerwille gebrochen war, war es nicht schwer, sie theoretisch zum Christentum zu bekehren.

Zehn Jahrhunderte nacheinander konnte das mit der Allmacht der Kirche und des Staates bewaffnete Christentum, ohne Beeinträchtigung von irgendwelcher Seite, den Geist Europas verderben, verschlechtern und fälschen. Es hatte keine Rivalen, weil es außerhalb der Kirche keine Denker, nicht einmal Gebildete gab. Die Kirche allein dachte, sprach, schrieb und lehrte. Ketzereien, die in ihrem Schoß entstanden, griffen stets nur die theologischen oder praktischen Entwicklungen des Grunddogmas an, nicht dieses Dogma selbst. Der Glaube an Gott, den reinen Geist und Schöpfer der Welt und der Glaube an die Geistigkeit der Seele bleiben unberührt. Dieser Doppelglaube wurde die ideale Grundlage der ganzen westlichen und östlichen Kultur Europas und drang in alle Einrichtungen ein, verwirklichte sich in allen Einzelheiten des öffentlichen und privaten Lebens aller Klassen, ebenso wie der Massen.

Kann man sich dann wundern, daß dieser Glaube sich bis zum heutigen Tag erhalten hat und fortführt, seinen verhängnisvollen Einfluß selbst auf so hohe Geister, wie Mazzini, Quinet, Michelet und so viele andere auszuüben? Wir sahen, daß ihm der erste Kampf von der Renaissance des freien Geistes im 15. Jahrhundert geliefert wurde, der Renaissance, welche Helden und Märtyrer hervorbrachte wie Vanini, wie Giordano Bruno und Galilei; obgleich bald erstickt von dem Lärm, Tumult und den Leidenschaften der Reformation, setzte sie geräuschlos ihre unsichtbare Arbeit fort und hinterließ den edelsten Geistern jeder Generation das Werk menschlicher Befreiung durch die Zerstörung des Unsinnigen, bis sie endlich in der zweiten Hälfte des 18. Jahrhunderts wieder im vollen Tageslicht erschien und kühn die Fahne des Atheismus und Materialismus entrollte.

* * *

Man hätte damals glauben können, daß der menschliche Geist sich ein für allemal von jedem göttlichen Druck befreien würde. Dies war ein Irrtum. Die Gotteslüge, mit der sich die Menschheit – um nur von der christlichen Welt zu sprechen – 18 Jahrhunderte lang genährt hatte, sollte sich noch einmal mächtiger als die menschliche Wahrheit zeigen. Da sie sich nicht mehr der Schwarzröcke, der geweihten Raben der Kirche, der katholischen und protestantischen Priester, die jedes Vertrauen verloren hatten, bedienen konnte, bediente sie sich der Laienpriester, der Lügner und Sophisten im kurzen Rock, und die Hauptrolle viel zwei verhängnisvollen Männern unter ihnen zu : dem falschen Geist und dem doktrinärdespotischᴗn Willen des vergangenen (18.) Jahrhunderts: J .J . Rousseau und Robespierre.

Der erstere ist der wahre Typus der Lüge und argwöhnischen Kleinlichkeit, der Überhebung der eigenen Person, der kalten Begeisterung und sentimentaler und gleichzeitig unbarmherziger Heuchelei, der notwendigen Lüge des modernen Idealismus. Man kann ihn als den wahren Schöpfer der modernen Reaktion betrachten. Während er dem Anschein nach der demokratischste Schriftsteller des 18. Jahrhunderts ist, brütet in ihm der erbarmungslose Despotismus des Staatsmannes. Er war der Prophet des doktrinären Staates, dessen Hohepriester Robespierre, sein würdiger und treuer Schüler, zu werden versuchte. Rousseau hörte Voltaire sagen, daß, wenn es keinen Gott gäbe, er erfunden werden müsse, und er erfand das höchste Wesen, den abstrakten und leeren Gott der Deisten. Und im Namen des höchsten Wesens und der von ihm befohlenen heuchlerischen Tugend guillotinierte Robespierre zuerst die Hebertisten, dann den Genius der Revolution, Danton, in dessen Person er die Republik ermordete, um so den von da ab notwendig gewordenen Triumph der Diktatur Bonapartes I. vorzubereiten. Nach diesem großen Sieg suchte und fand die idealistische Reaktion weniger fanatische, weniger schreckliche Diener, wenn man sie an dem bedeutend geringeren Maßstab der Bourgeoisie des 19. Jahrhunderts mißt. In Frankreich waren Chateaubriand, Lamartine und – soll ich es sagen? Warum nicht? Man muß die ganze Wahrheit sagen!- Victor Hugo , der Demokrat, der Republikaner, der Scheinsozialist von heute, und nach ihnen die ganze melancholische und sentimentale Kohorte magerer und blasser Geister, die unter der Führung jener Meister die Schule des modernen Romantismus bildet. In Deutschland waren es die Schlegel, die Novalis, die Werner, waren es Schelling und so viele andere, deren Namen nicht einmal genannt zu werden verdienen.

Die von dieser Schule geschaffene Literatur war das wahre Reich der Geister und Gespenster. Sie vertrug das Tageslicht nicht und konnte nur im Halbdunkel leben. Ebensowenig vertrug sie die brutale Berührung der Massen; es war die Literatur der zarten, feinen, ausgezeichneten Seelen, die dem Himmel, ihrer Heimat, zustrebten und wie gegen ihren Willen auf der Erde lebten. Sie verachtete und verabscheute die Politik, die Tagesfragen; wenn sie aber zufällig von ihnen sprach, zeigte sie sich offen reaktionär, und nahm die Partei der Kirche gegen die Unverschämtheit der Freidenker, die Partei der Könige gegen die Völker und die Partei der Aristokraten gegen das elende Straßengesindel. Übrigens herrschte in dieser Schule, wie ich soeben sagte, beinahe vollständige Gleichgültigkeit gegenüber politischen Frageei vor. In den Wolken, in denen sie lebte, konnte man nur zwei wirkliche Punkte unterscheiden: die rasche Entwicklung des Bourgeoismaterialismus und die zügellose Entfesselung persönlicher Eitelkeit.

* * *

Um diese Literatur zu verstehen, muß man ihre Entstehungsursache in der Umwandlung suchen, die sich in der Bourgeoisklasse seit der Revolution von 1793 vollzog.

Von der Renaissance und der Reformation bis zu dieser Revolution war die Bourgeoisie, wenn nicht in Deutschland, so doch wenigstens in Italien, Frankreich, der Schweiz, England und Holland der Held und Vertreter des revolu- tionären Geistes der Geschichte. Aus ihr gingen der größte Tel der Freidenker des 15. Jahrhunderts, die großen religiösen Reformatoren der beiden folgenden Jahrhunderte und die Apostel der menschlichen Befreiung des 18. Jahrhunderts hervor, diesmal die Deutschlands inbegriffen. Sie allein, natürlich auf die Sympatien und den mächtigen Arm des Volkes, das an sie glaubte, gestützt, machte die Revolution von 1789 und 1793. Sie verkündete denn Fall des Königtums und der Kirche, die Verbrüderung der Völker, die Menschen- und Bürgerrechte. Dies sind ihre unsterblichen Ruhmestitel.

Seit jener Zeit spaltete sie sich. Eine beträchtliche Partei reichgewordener Käufer von Nationalgütern, die sich diesmal nicht auf das städtische Proletariat, sondern auf die Mehrheit der gleichfalls Grundbesitzer gewordenen Bauern Frankreichs stützte, strebte den Frieden, die Wiederherstellung der öffentlichen Ordnung, die Gründung einer regelmäßigen und mächtigen Regierung an. Voll Glück jauchzt sie also der Diktatur des ersten Bonaparte zu und sah, obgleich stets voltairianisch gesinnt, dessen Abkommen mit dem Papst und die Wiederherstellung der offiziellen Kirchen in Frankreich nicht mit bösen Augen an: „die Religion ist dem Volk so notwendig!" was heißen will, daß dieser nur selbst gesättigte Teil der Bourgeoisie von jetzt ab zu verstehen begann, daß es im Interesse der Erhaltung seiner Lage und seiner neu erworbenen Güter dringend notwendig sei, den ungesättigten Hunger des Volkes durch Versprechungen himmlischen Mannas zu täuschen. Damals begann Chateaubriand zu predigen. [13]

Napoleon fiel. Die Restauration führte mit der rechtmäßigen Monarchie die Macht der Kirche und der Aristokratie nach Frankreich zurück, welche, wenn nicht ihre ganze, so doch einen beträchtlichen Teil ihrer früheren Macht wieder ergriffen. Diese Reaktion warf die Bourgeoisie in die Revolution zurück und mit dem revolutionären Geist erwachte auch der Freigeist wieder. Sie legte Chateaubriand beiseite und begann wieder Voltaire zu lesen. Sie ging nicht bis Diderot: ihre geschwächten Nerven vertrugen keine so starke Kost mehr. Voltaire, der gleichzeitig Freigeist und Deist war, paßte ihr dagegen sehr. Beranger und Paul Louis Courier drückten ganz und gar diese neue Richtung aus. Der „Gott der braven Leute" und das Ideal des Bürgerkönigs, der zugleich liberal und demokratisch ist und sich vom majestätischen und jetzt offensiven Hintergrund der gigantischen Siege des Kaiserreiches abhebt,- dies war in jener Zeit die tägliche geistige Nahrung der französischen Bourgeoisie.

Lamartine, von dem eitel lächerlichen Neid angestachelt, sich zur poetischen Höhe des großen englischen Dichters Byron zu erheben, hatte seine kalt delirierenden Hymnen zu Ehren des Gottes der Adeligen und der rechtmäßigen Monarchie begonnen. Aber seine Gesänge hallten nur in den aristokratischen Salons wider. Die Bourgeoisie hörte sie nicht. Beranger war ihr Dichter und Paul Louis Courier ihr politischer Schriftsteller.

Die Juli-Revolution hatte die Veredelung ihres Geschmacks zur Folge. Man weiß, daß jeder Bourgeois in Frankreich den unverwüstlichen Typus des bourgeois gentilhomme in sich trägt, der stets hervortritt, sobald er ein bißchen Reichtum und Macht erwirbt. 1830 hatte die reiche Bourgeoisie endgültig den alten Adel im Besitz der Macht verdrängt. Sie strebte natürlich die Gründung einer neuen Aristokratie an: einer Aristokratie des Geldes vor allem, aber auch eine Aristokratie des Geistes, des guten Benehmens und der feinen Gefühle. Die Bourgeoisie begann sich religiös zu fühlen.

Das war von ihrer Seite nicht nur eine bloße Nachäffung der aristokratischen Sitten, sondern auch eine notwendige Folge ihrer Lage. Das Proletariat hatte ihr einen letzten Dienst erwiesen, indem es ihr half, den Adel noch einmal zu stürzen. Jetzt brauchte die Bourgeoisie diese Hilfe nicht mehr, denn sie fühlte, daß sie im Schatten des Julithrons sicher war, und die von jetzt ab unnütze Verbindung mit dem Volk begann ihr unbequem zu werden. Das Volk mußte auf seinen Platz verwiesen werden, was natürlich nicht möglich war, ohne große Entrüstung in den Massen hervorzurufen. Es wurde notwendig dieselben zurückzuhalten. Aber in wessen Namen? Etwa im Namen des ohne Umschweife zugegebenen Bourgeoisinteresses? Dies wäre zu schamlos gewesen. Je ungerechter, unmenschlicher ein Interesse ist, desto mehr bedarf es einer Weihe, und wo eine solche hernehmen, wenn man sie nicht in der Religion findet, diese gute Beschützerin aller Satten und der so nützlichen □□österin aller Hungrigen? Und mehr als je fühlte die triumphierende Bourgeoisie, daß die Religion dem Volke unbedingt notwendig sei.

Nachdem sie alle ihre unvergänglichen Ruhmestitel in religiöser, philosophischer und politischer Opposition, im Protest und in der Revolution gewonnen hatte, war die Bourgeoisie endlich die herrschende Klasse geworden und hierdurch von selbst Verteidigerin und Erhalterin des Staates, der seinerseits die regelrechte Einsetzung der ausschließlichen Macht dieser Klasse ist. Der Staat ist die Gewalt und hat vor allem das Recht der Gewalt für sich, die triumphierende Beweisführung mit dem Zündnadelgewehr und dem Chassepot. Aber der Mensch ist so sonderbar beschaffen, daß ihm diese Art der Beweisführung, so beredt sie scheint, auf die Dauer nicht genügt. Um ihm Achtung einzuflößen, ist irgendeine moralische Weihe absolut notwendig. Diese Weihe muß ferner so augenscheinlich und einfach sein, daß sie die Massen überzeugen kann, die, von der Gewalt des Staates niedergerungen, hierauf zur moralischen Anerkennung seines Rechts gebracht werden müssen.

Es gibt nur zwei Mittel, die Massen von der Güte irgendeiner sozialen Einrichtung zu überzeugen. Das erste, das einzig wirkliche, aber auch das – schwerste, weil es die Abschaffung des Staates mit sich bringt – das heißt die Abschaffung der politisch organisierten Ausbeutung der Mehrheit durch irgendeine Minderheit,- dieses Mittel wäre die direkte und vollständige Befriedigung aller Bedürfnisse, aller menschlichen Strebungen der Massen; dies käme der vollständigen Auflösung der politischen und wirtschaftlichen Existenz der Bourgeoisieklasse gleich und, wie ich soeben sagte, auch der Abschaffung des Staates. Dieses Mittel wäre zweifellos heilbringend für die Massen, aber verhängnisvoll für die Bourgeoisinteressen. Es kommt also nicht in Betracht.

Sprechen wir von dem anderen Mittel, das nur dem Volk verhängnisvoll, dagegen für das Wohl der Bourgeoisvorrechte wertvoll ist. Dieses andere Mittel kann nur die Religion sein. Es ist jene ewige Luftspiegelung, welche die Massen auf die Suche nach den göttlichen Schätzen hinreißt, während die herrschende Klasse viel bescheidener sich damit begnügt, die elenden Güter der Erde und das menschliche Hab und Gut des Volkes, seine politische und soziale Freiheit inbegriffen, unter ihre eigenen Mitglieder zu verteilen, auf sehr ungleiche Art übrigens und so, daß der, der mehr besitzt, immer noch mehr erhält.

Es gibt, es kann keinen Staat ohne Religion geben. Man nehme die freiesten Staaten der Erde, die Vereinigten Staaten von Amerika oder die Schweiz, und sehe, welch wichtige Rolle die göttliche Vorsehung, diese oberste aller Staaten, in allen offiziellen Reden spielt.

Jedesmal aber, wenn ein Staatsoberhaupt von Gott spricht, sei es Wilhelm I., der knutogermanische Kaiser, oder Grant, der Präsident der großen Republik, kann man sicher sein, daß er sich vorbereitet, seine Volksherde von neuem zu scheren.

Die französische Bourgeoisie, liberal, voltairianisch und von ihrem Temperament zu einem eigentümlich engen und brutalen Positivismus, um nicht zu sagen Materialismus getrieben, muß sich also, nachdem sie durch ihren Triumph von 1830 die Staatsklasse geworden, notwendigerweise eine offizielle Religion geben. Die Sache war nicht leicht. Sie konnte sich nicht unmittelbar unter das Joch des römischen Katholizismus begeben. Zwischen ihr und der Kirche von Rom lag ein Abgrund von Blut und Haß, und wie praktisch und klug man auch geworden sein mag, man unterdrückt doch nie die in sich geschichtlich gewordene Leidenschaft. Der französische Bourgeois hätte sich übrigens mit Lächerlichkeit bedeckt, wenn er zur Kirche zurückgekehrt wäre, um an den frommen Zeremonien des Gotteskults teilzunehmen, der Hauptbedingung einer verdienstlichen und aufrichtigen Bekehrung. Mehrere versuchten es wohl, aber das Ergebnis ihres Heroismus war nur unfruchtbarer Skandal. Die Rück- kehr zum Katholizismus war endlich wegen des unlösbaren Widerspruchs zwi- schen der unveränderlichen Politik Roms und der Entwicklung der wirtschaft- lichen und politischen Interessen des Mittelstandes unmöglich.

In dieser Hinsicht ist der Protestantismus viel bequemer. Er ist die Bour- geoisreligion par excellence. Er gibt den Bourgeois gerade so viel Freiheit, als sie brauchen, und fand das Mittel, das himmlische nachten mit der Achtung, die die irdischen Interessen verlangen, zu versöhnen. Daher sehen wir auch, daß gerade in den protestantischen Ländern Handel und Industrie sich entwickelten. Aber es war der französischen Bourgeoisie nicht möglich, protestantisch zu werden. Um von einer Religion zur anderen überzugehen – außer wenn es aus reiner Berechnung geschieht, wie bisweilen bei den Juden in Rußland und Polen, die sich drei- oder viermal taufen lassen, um jedesmal einen neuen Vorteil zu erhalten,- um die Religion zu wechseln, ist ein Körnchen religiösen Glaubens notwendig. In dem ausschließlich positiven Herzen des französischen Bourgeois ist nun aber auch für dieses Körnchen kein Platz. Für ihn gibt es nur die tiefste Gleichgültigkeit gegenüber allen Fragen, ausgenommen in erster Linie die seinen Geldbeutel betreffenden, dann die seine soziale Eitelkeit betreffenden. Er steht dem Protestantismus gleich uninteressiert gegenüber wie dem Katholizismus. Andererseits hätte die französische Bourgeoisie nicht zum Protestantismus übergehen können, ohne mit der katholischen Gewohnheit der Mehrheit des französischen Volkes in Widerspruch zu geraten, was für eine Klasse, die Frankreich regieren wollte, eine große Unvorsichtigkeit gewesen wäre.

Ein Mittel blieb wohl übrig: zur humanitären und revolutionären Religion des 18. Jahrhunderts zurückzukehren. Aber diese Religion führt zu weit. Die Bourgeoisie war also gezwungen, zur Weihe des neuen Staates, des von ihr gegründeten Bourgeoisstaates, eine neue Religion zu gründen, die, ohne zu sehr Lächerlichkeit und Argernis zu erregen, von der ganzen Bourgeoisklasse laut bekannt werden konnte.

So entstand der Deismus der doktrinären Schule.

Andere würden viel besser, als ich es tun könnte, die Geschichte der Entstehung und Entwicklung dieser Schule erzählen, die entscheidenden und, ich kann wohl sagen, verhängnisvollen Einfluß auf die politische, geistige und moralische Erziehung der Bourgeoisjugend Frankreichs hatte. Sie besteht seit Benjamin Constant und Madame de Stael, aber ihr wahrer Gründer war Ro r Couard; ihre Apostel waren die Herren Guizot, Cousin, Villemain und viele andere; ihr laut bekanntes Ziel ist: die Versöhnung der Revolution mit der Reaktion oder, um die Sprache der Schule zu sprechen, des Freiheitsprinzips mit dem Autoritätsprinzip, natürlich zum Vorteil des letzteren.

Diese Versöhnung bedeutete in der Politik, das Wegstibitzen der Volkfreiheit zum Vorteil der Bourgeoisherrschaft, vertreten durch den monarchischen und konstitutionellen Staat; in der Philosophie, die bewußte Unterwerfung der freien Vernunft unter die ewigen Grundsätze des Glaubens. Wir haben uns hier mit letzterem Gegenstand zu beschäftigen.

Es ist bekannt, daß diese Philosphie hauptsächlich von Herrn Cousin, dem Vater des französischen Eklektizismus ausgearbeitet wurde. Ein oberflächlicher und pedantischer Sprecher, frei von jeder eigenen Auffassung, jedem eigenen Gedanken, aber sehr beschlagen in Gemeinplätzen, die er zu Unrecht mit gesundem Menschenverstand verwechselt, bereitete dieser ausgezeichnete Philosoph auf gelehrte Weise für den Gebrauch der studierenden Jugend Frankreichs ein metaphysisches Gericht nach seinem Geschmack vor, dessen in allen der Universität unterworfenen Schulen des Staates pflichtgemäßer Genuß mehrere Generationen hintereinander zu einer Gehirnlähmung verurteilte. Man stelle sich einen philosophischen Salat vor, der aus den entgegengesetzten Systemen besteht, einer Mischung von Kirchenvätern, Scholastikern, Descartes und Pascal und schottischen Psychologen, all dies auf den göttlichen und angeborenen Ideen Platos aufgebaut und bedeckt mit einer Lage Hegel'scher Immanenz, das ganz natürlich von ebenso geringschätzender wie vollständiger Unkenntnis der Naturwissenschaft begleitet und beweisend, wie „zweimal zwei ist fünf" : [14]

1.) Das Dasein eines persönlichen Gottes, die Unsterblichkeit der Seele und ihre freie Bestimmung, den freien Willen. Und als Konsequenz dieses dreifachen Glaubens:

2.) Die individuelle Moral, die unbedingte Verantwortlichkeit eines Jeden vor dem, von Gott in seiner Brust versenkten, Sittengesetz. Die jeder Gesellschaft vorhergehende individuelle Freiheit, die sich aber nur in der Gesellschaft verwirklichen kann.

3.) Die Freiheit des Einzelnen verwirklicht sich nur durch die Aneignung oder Besitzergreifung der Erde. Das Eigentumsrecht ist eine notwendige Folge dieser Freiheit.

4.) Die Familie, einerseits gegründet auf die Erblichkeit dieses Rechts und andererseits auf die Autorität des Gatten und Vaters, ist zugleich eine natürliche und göttliche Einrichtung, göttlich in dem Sinne, daß sie seit dem Beginn der Geschichte geweiht wurde durch die Religion und das den Menschen von Gott gegebene Gewissen, so unvollkommen es zuerst auch sein mag.

5.) Die Familie ist der geschichtliche Keim des Staates.

6.) Die geschichtliche Entwicklung dieser ewigen Grundsätze, die die Grund- lage aller menschlichen Kultur sind, durch die dreifache Aufwärtsbewegung:

a) der menschlichen Intelligenz, die ein Ausfluß und sozusagen eine ständige Offenbarung Gottes im Menschen ist und zuerst sich geoffenbart hat durch eine Reihe sogenannter Religionen, um dann, nachdem sie sich vergebens in einer Menge philosophischer Systeme gesucht hat, endlich in dem eklektischen System des Herrn Victor Cousins sich gefunden, erkannt und vollständig entwickelt hat,

b) der menschlichen Arbeit, der einzigen Schöpferin der gesellschaftlichen Reichtümer, ohne die keine Kultur möglich ist,

□) der bald individuellen, bald allgemeinen menschlichen Kämpfe, die immer mit neuen geschichtlichen, politischen und sozialen Vergleichen enden;

All dies von der göttlichen Vorsehung geleitet.

7.) Die Geschichte in ihrer Gesamtheit betrachtet, ist eine ununterbrochene Offenbarung des göttlichen Willens. Gott, der reine Geist, das absolute und in sich selbst vollkommene Wesen, wohnt in seiner unendlichen Ewigkeit und Unermeßlichkeit außerhalb der Geschichte der Welt [15] und folgt mit einer väterlichen Neugierde der menschlichen Entwicklung und lenkt sie mit unsicht- barer Hand. Da er in seinem göttlichen Edelmut unbedingt will, daß die Men- schen, seine Geschöpfe und deshalb seine Sklaven, frei seien, und da er begreift, daß sie das nicht sein können, wenn er sich zu oft und zu offensichtlich in ihre Geschäfte mischte, daß seine Macht sie nicht nur beleidigte, sondern auch vernichtete, [16] offenbart er sich ihnen so wenig wie möglich, und nur dann, wenn es zu ihrem Heile unbedingt nötig wird. Sehr oft überläßt er sie auch ihren eigenen Anstrengungen und der Entwicklung jenes zwiefachen Lichts, zugleich göttlichen und menschlichen, das er in ihren unsterblichen Seelen angezündet hat: des Gewissens, der Quelle jeder Moral, und der Intelligenz, der Quelle aller Wahrheit. Wenn er aber sieht, daß dieses Licht matter zu werden beginnt, wenn die Menschen zerschmettert und zu unvollkommen, um immer allein gehen zu können, in eine Lage ohne Ausweg gelangen, dann greift er ein. Aber wie? Nicht durch eines jener äußeren und materiellen Wunder, von denen die abergläubischen Traditionen der Völker voll sind und die unmöglich sind, weil sie die von Gott selbst aufgestellte Ordnung und die Naturgesetze umkehren würden (Ja, die Kühnheit der doktrinären Idealisten geht sogar soweit, diese Wunder zu leugnen!), sondern durch ein ausschließlich geistiges und

inneres Wunder, welches den Sinnen unzugänglich, das vom Gesichtspunkt der Vernunft, der
Logik und des gesunden Menschenverstandes nicht weniger unsinnig und unmöglich ist, als die
plumpen, von dem Volksglauben eingebildeten; diese letzteren haben wenigstens den Wert poe-
tischer Naivität, während die sogenannten Inneren, mit all ihrem Anspruch auf Rationalismus,
nichts anderes sind, als gelehrte, kalte, geschickt an den Haaren herbeigezogene Dummheiten.

Gott greift dann ein, indem er mit seinem göttlichen Geist irgendeine ausgezeichnete, weniger verdorbene und zerschmetterte und mehr intelligente Seele, als die anderen, erleuchtet.
Sie wird sein Prophet, sein Messias. Nachdem er dann von diesem von Gott selbst gegebenen
Geist erfüllt ist – diese Erleuchtung besteht übrigens in einem jener psychologischen Wunder,
die uns angeführt werden und die wir, wie geschichtlich festgestellte Tatsachen annehmen sollen, die wir aber nie werden begreifen können; und da der göttliche Geist immer dem Grad der
Entwicklung, dem Charakter und dem Zeitgeist entsprechend war und sich nie in seiner Fülle
und absoluten Vollkommenheit offenbarte, da Gott zu weise war und die Freiheit der Menschen
zu sehr liebte, um ihnen eine Nahrung vorzusetzen, die sie unfähig waren zu verdauen,- stark
durch den unsichtbaren Beistand Gottes zieht dieser Messias mit unwiderstehlicher Gewalt alle
Seelen, die guten Willens sind, an sich, und verkündet den göttlichen Willen und gründet
eine neue Religion und neue Gesetze.

So wurden alle religiösen Kulte und alle Staaten ins Leben gerufen. Daraus geht hervor,
daß die einen wie die anderen, als unwandelbar betrachtet, und indem man sie gelöst, von
allen Einzelheiten, die von den Menschen zu verschiedenen Zeiten ihrer geschichtlichen Entwicklung in sie hineingetragen wurden, göttliche Einrichtungen sind und als solche unbedingte
Autorität genießen müssen. Damit haben wir die Kirche und den Staat mit ihrer göttlichen,
zermalmenden und furchtbaren Weihe.

8.) Die Kirche und der Staat haben also einen doppelten Charakter: einen göttlichen und
einen menschlichen zugleich. Solange sie göttliche Einrichtungen sind, sind sie unwandelbar
und ihre ganze geschichtliche Entwicklung besteht nur in einer vollkommenen Offenbarung
ihrer eigenen göttlichen Natur oder des göttlichen Gedankens, der in ihrem Schoße verkörpert
ist, ohne daß je die neuen Offenbarungen und Erleuchtungen in Gegensatz kämen zu den vorhergehenden, was ein Eingeständnis der Lüge von Gott aus bedeuten würde. Aber als menschliche Einrichtungen weisen die Kirche und der Staat, vertreten durch Menschen, und als solche
natürlich teilhabend an allen menschlichen Leidenschaften, Lastern und Dummheiten, notwendig unermeßliche Fehler auf und sind den großen und heilsamen, allmählichen Veränderungen
zugänglich, die durch die fortschreitende, moralische, geistige und materielle Entwicklung der
Völker, welche den wahren Hintergrund der Geschichte bilden, herbeigeführt werden.

9.) In der geistigen und moralischen Entwicklung der Menschheit, obgleich sie beständig
von der göttlichen Vorsehung gelenkt wird, ist die Form der religiösen Offenbarung nicht immer nötig. Sie wäre unvermeidlich in den zurückgebliebensten Zeiten der Geschichte, wenn die
Intelligenz, jenes zugleich göttliche und menschliche Licht, diese ständige Offenbarung Gottes
in den Menschen, sich noch nicht genügend entwickelt hätte; aber je nachdem sie von sich
selbst Besitz ergreift, sucht diese außerordentliche, ungewöhnliche Form der Offenbarungen
zu verschwinden, um danach den wissenschaftlichen Eingebungen ausgezeichneter Propheten,
großer Denker Platz zu machen, welche mit diesem göttlichen Werkzeug besser ausgerüstet
sind als die anderen und übrigens immer von Gott unterstützt werden – obgleich sehr oft auf
eine, sogar für sie selbst, unmerkliche Art, aber auch oft, indem er sie die Hilfe fühlen läßt
(siehe den Dämon Sokrates) .- Sie suchen durch die Anstrengungen ihres eigenen Denkens
die Geheimnisse Gottes zu verstehen, welche ihnen, wie jedermann, schon teilweise geoffenbart worden sind durch all die früheren Offenbarungen, so daß ihnen nichts übrig bleibt, als
die Mühe, sie zu entwickeln und zu erklären, indem sie ihnen von nun an nicht mehr eine
wunderbare Tradition als Weihe und Grundlage geben, sondern die logische Entwicklung des
menschlichen Denkens.

Nur darin unterscheiden sich die Metaphysiker von den Theologen. All der Unterschied, welcher zwischen ihnen besteht, liegt in der Form, nicht im Prinzip. Ihr Gegenstand ist derselbe:

Gott, die ewigen Wahrheiten, die göttlichen Prinzipien, die religiöse, politische und bürgerliche Ordnung, die von Gott festgesetzt ist und sich den Menschen mit absoluter Autorität aufzwingt. Aber die Theologen (nach meiner Ansicht viel konsequenter als die Metaphysiker!) behaupten, dﬂß die Menschen zur Erkenntnis Gottes nur auf dem Wege übernatürlicher Offenbarung gelangen könnten; während die Metaphysiker versichern, daß sie Gott und alle ewigen Wahrheiten begreifen könnten durch die alleinige Kraft ihres Denkens, die, so wiederholen sie immer, die zugleich natürliche (!) und ständige Offenbarung Gottes im Menschen sei.

(Für uns sind die einen wie die anderen absurd, wir ziehen diesen Sinnlosigkeiten sogar die vor, die es offen sind, und nicht die, welche sich mit der – menschlichen Vernunft einen Schein von Achtung geben.)

10.) Aus diesem Gegensatz der Form entstand der große geschichtliche Kampf der Metaphysik gegen die Theologie. Diesem Kampf, der auf der einen Seite berechtigt und wohltuend war, fehlten auf der anderen nicht verabscheuungswürdige Folgen. Er hat der Entwicklung des Menschengeistes ungeheuer genützt, indem er ihn von dem Joch des blinden Glaubens befreite, in welchem ihn die Theologie zurückhalten wollte, und ließ ihn seine eigene Kraft und Fähigkeit, sich bis zu göttlichen Dingen zu erheben, erkennen, was die Voraussetzung der Menschenwürde und der menschlichen Freiheit ist. Zu gleicher Zeit hat er aber im Menschen eine wertvolle Eigenschaft geschwächt: die Achtung vor Gott, das Gefühl der Frömmigkeit. Der Menschengeist ließ sich zu oft hinreißen von der Leidenschaft des Kampfes und von den leichten Siegen, die er über die, immer mehr oder minder dummen, Verteidiger des blinden Glaubens und der veralteten Formen der religiösen Einrichtungen davontrug, indem er sogar den Grund des Glaubens leugnete; besonders im 18. Jahrhundert hat er die Verirrung soweit getrieben, daß er sich als Materialist und Atheist erklärte und die Kirche vernichten wollte, indem er in seinem törichten Hochmut vergaß, daß, wenn er es wagte, das göttliche Wesen zu leugnen, er seinen eigenen Verfall, seine vollständige Materialisation verkündete, Er vergaß, daß all seine Größe, seine Freiheit, seine Macht gerade in der Fähigkeit bestehen, die ihm eigen, sich bis zu Gott zu erheben, dem großen, einzigen Gegenstand aller unsterblichen Gedanken; er vergaß, daL jene Kirche, die er so törichterweise zerstören wollte, die zweifelsohne in Beziehung auf ihre Sitten, ihre Gebräuche, ihre Formen, die nicht mehr der Höhe des Jahrhunderts entsprachen, viel zu wünschen übrig läßt, daß jene Kirche nicht weniger als der Staat eine göttliche Einrichtung ist, gegründet von göttlich erleuchteten Menschen, und daß sie gegenwärtig noch die einzig mögliche Offenbarung für die unwissenden Massen ist, welche eben deshalb unfähig sind, sich durch die natürliche Entwicklung ihrer noch schlummernden Intelligenz zu Gott zu erheben.

Diese Abweichung des philosophischen Geistes, so beklagenswert ihre Folgen auch seien, war wahrscheinlich notwendig, um seine geschichtliche Erziehung zu vervollständigen. Zweifellos deswegen duldete sie Gott. Gewarnt von den tragischen Erfahrungen des vergangenen Jahrhunderts, weiß der philosophische Geist jetzt, daß er, wenn er ohne jedes Maß das Prinzip der Verneinung und Kritik gelten läßt, dem Abgrund entgegengeht und im Nichts endet; dieses Prinzip, das vollständig berechtigt und sogar heilsam ist, wenn es mit Mäßigung den vorübergehenden und menschlichen Formen der göttlichen Dinge gegenüber angewandt wird, höchst gefährlich, null, ohnmächtig und lächerlich wird, wenn es sich an Gott vergreift. Er weiß, daß es ewige Wahrheiten gibt, die über jeder Forschung und Darstellung sind, die nicht einmal Gegenstand eines Zwiefels sein können, weil sie einerseits durch das allgemeine Bewußtsein und den heiligen Glauben der vergangenen Jahrhunderte enthüllt werden und andererseits sich als angeborene Ideen in dem Verstand jedes Menschen finden und mit unserem Bewußtsein so unlöslich verschmolzen sind, daß es genügt, wenn wir uns in uns selbst, in unser inneres Wesen vertiefen, damit sie vor uns in ihrer ganzen Einfachheit und in ihrer ganzen Pracht erscheinen. Diese Grundwahrheiten, diese philosophischen Axiome sind: das Dasein Gottes, die Unsterblichkeit der Seele, der freie Wille. Es kann, es darf nicht mehr die Frage sein, die Wirklichkeit zu bestreiten, weil uns, wie es Descartes so gut gezeigt hat, die Wirklichkeit gegeben ist und durch die Tatsache, daß wir alle diese Ideen in dem Bewußtsein, das unser Denken von sich selbst hat, finden, uns auferlegt ist. Alles, was wir zu tun haben, ist, sie zu verstehen, sie zu entwickeln, indem wir sie zu einem organischen System zusammenfassen. Das ist der einzige Zweck der Philosophie.

(Dieser Zweck wird soeben vollständig verwirklicht durch das System des Herrn Victor Cousin. Von nun an wird der Denker Gott im Geiste anbeten, er wird sich sogar von jedem anderen Kult befreien können. Er hat vollständig das Recht, nicht mehr in die Kirche zu gehen, sofern er es wenigstens nicht für nützlich findet, dorthin zu gehen wegen seiner Frau, seinen Töchtern oder wegen der Leute. Ob er aber geht oder nicht geht, er wird immer die Einrichtung und sogar den Kult der Kirche, wie veraltet ihm auch ih☐e Formen erscheinen mögen, achten: Zuerst deshalb, weil sogar diese Formen und die falschen Ideen, welche sie zum Tel in den Massen hervorrufen, in dem Zustand der Unwissenheit, in dem sich das Volk noch befindet, wahrscheinlich nötig sind, und weil man, wenn man sie offen angriffe, Gefahr laufen würde, den Glauben zu erschüttern, der in der im allgemeinen ziemlich unglücklichen Lage, in welcher sich das Volk befindet, seinen einzigen Trost und die einzige moralische Fessel, die es kettet, bildet. Er muß sie endlich achten, weil der Gott, den die Kirche und das Volk unter diesen albernen Formen anbetet, derselbe Gott ist, vor dem sich so ernst das majestätische Haupt des doktrinären Philosophen neigt.

Dieser tröstliche und beruhigende Gedanke ist von einem der ausgezeichneten Häupter der doktrinären Kirche, durch Herrn Guizot, sehr gut ausgedrückt worden; er freut sich in seiner 1845 und 1846 veröffentlichten Broschüre sehr darüber, daß in Frankreich die göttliche Wahrheit unter all ihren so verschiedenen Formen so wohl vertreten sei: die katholische Kirche sagt er in dieser Broschüre, die ich nicht zur Hand habe, gibt sie uns unter der Form der Autorität; die protestantische Kirche unter der Form des freien Gewissens, und die Universität unter der des reinen Gedankens. Man muß ein sehr religiöser Mann sein, nicht wahr, um es zu wagen, solche Dummheiten zu sagen und zu drucken, wenn man doch gleichzeitig ein intelligenter und gelehrter Mann ist.)

11.) Der Kampf, der die Metaphysiker und die Theologen in Gegensatz brachte, entstand notwendig von neuem in der Welt der materiellen Interessen und der Politik. Das ist der denkwürdige Kampf der Volksfreiheit gegen die Autorität des Staates. Diese Autorität war, wie die der Kirche am Anfang der Geschichte, natürlich despotisch; dieser Despotismus war heilsam, weil die Völker zuerst zu wild, zu roh, zu wenig reif für diese Freiheit waren – und heute noch sind sie es so wenig!,- zu wenig fähig, noch bereit waren, freiwillig, wie es heute die Deutschen machen, ihren Nacken unter das Joch des göttlichen Gesetzes zu beugen, sich freiwillig den ewigen Bedingungen der öffentlichen Ordnung zu unterwerfen. Da der Mensch natürlich faul war, mußte er von einer höheren Macht zur Arbeit angetrieben werden. Daraus erklärt und rechtfertigt sich in der Geschichte die Einrichtung der Sklaverei; nicht als eine ewige Einrichtung, sondern als eine vorübergehende, von Gott selbst angeordnete Maßregel, die wegen der natürlichen Barbarei und Verkehrtheit der Menschen, als geschichtliches Erziehungsmittel notwendig wurde.

Indem er die auf das Eigentum [17] gegründete und der höchsten Autorität des Gatten und des Vaters unterworfene Familie gründete, schuf Gott den Keim des Staates. Die erste Regierung war notwendig despotisch und patriachalisch. Aber je mehr die Zahl der freien Familien in einem Volke wuchs, um so mehr lockerten sich die natürlichen Bande, die sie zuerst zu einer einzigen Familie, unter der patriachalischen Leitung eines einzigen Oberhauptes, vereint hatten; diese ursprüngliche Organisation mußte durch die gelehrtere und kompliziertere des Staates ersetzt werden. Im Anfang der Geschichte war das überall das Werk der Theokratie. Je nachdem die Menschen, indem sie aus ihrem wilden Zustand heraustraten, zum ersten, natürlich sehr rohen Bewußtsein der Gottheit gelangten, bildete sich eine Kaste von mehr oder minder erleuchteten Vermittlern zwischen dem Himmel und der Erde. Im Namen der Gottheit errichteten die Priester der ersten religiösen Kulte die ersten Staaten, die ersten politischen und rechtlichen Organisationen der Gesellschaft. Wenn man von verschiedenen sekundären Unterschieden absieht, findet man in den antiken Staaten vier Kasten: die Priesterkaste; die der edlen Krieger, die sich aus allen männlichen Gliedern und vornehmlich aus den Häuptern der freien Familien zusammensetzte (diese beiden Klassen bildeten eigentlich die religiöse, politische und rechtliche Klasse, die Aristokratie des Staates); dann die kaum differenzierte Masse der Gäste, der Flüchtlinge, der Kunden und der persönlich freien, aber juridischer Rechte beraubten Sklaven, die an dem nationalen Kult nur indirekt teilnahmen und in ihrer Gesamtheit das eigentlich demokratische Element, das Volk, bildeten; zuletzt die Masse der Sklaven, die nicht als Menschen, sondern als Dinge angesehen wurden und auch bis zum Auftreten des Christentums in dieser elenden Lage verharrten.

Die ganz Geschichte der Antike, die sich je nach der Entwicklung und weiterer Verbreitung der geistigen und materiellen Fortschritte der menschlichen Kultur entrollte, wurde immer von der unsichtbaren Hand Gottes – der zweifellos nicht persönlich eingriff, sondern durch seine Auserwählten und Erleuchteten: Propheten, Priester, große Eroberer, Politiker, Philosophen und Dichter – gelenkt. Diese ganze Geschichte stellt nur einen unaufhörlichen und unseligen Kampf zwischen diesen Kasten und eine Reihe von Siegen dar, die zuerst die Aristokratie über die Demokratie davontrug, und später die Demokratie über die Aristokratie. Wenn die Demokratie besiegt war, mußte sie der militärischen und kaiserlichen Diktatur der Cäsaren Platz machen; sie war unfähig, den Staat, dieses höchste Ziel der menschlichen Gesellschaft auf der Erde, zu organisieren und besonders den ungeheuren Staat zu organisieren, den die Eroberer der Römer auf den Trümmern aller vereinzelten nationalen Existenzen gründete und welcher fast die ganze bekannte Welt der Alten umfaßte. Da aber die Macht der Cäsaren auf der Zerstörung aller nationalen und partiellen Organisationen der antiken Gesellschaft beruhte und da sie demzufolge die Auflösung des sozialen Organismus und die Reduzierung des Staates auf eine Teilexistenz bedeutete, welche einzig auf eine mechanische Zusammenfassung der materiellen Kräfte gestützt war, war der Cäsarismus unseligerweise dazu verdammt, durch sein eigenes Prinzip sich selbst zu vernichten, so daß die Barbaren, die vom Himmel zur Erneuerung der Erde geschickten Geisseln Gottes, als sie kamen, fast nichts mehr fanden, das sie zerstören konnten.

Die Antike hat uns in der Welt des Geistes hinterlassen: das erste Bewußtsein der Gottheit und die metaphysische Herausarbeitung der göttlichen Idee; ein sehr ernsthafter Anfang positiver Wissenschaften; ihre wunderbaren Künste und ihre unsterbliche Poesie, – in der zeitlichen Welt: die erhabene Einrichtung des Staates; das juridische Recht, die Sklaverei und unermeßliche materielle Reichtümer, die durch die angehäufte Arbeit der Sklaven geschaffen und allerdings durch die schlechte Wirtschaft der Barbaren etwas vergeudet wurden, die aber trotzdem durch die knechtliche und geregelte Arbeit des Mittelalters seitdem wieder ersetzt, vervollständigt und vergrößert worden sind, und die erste Grundlage zur Entstehung der Kapitalien abgegeben haben.

Die große Idee der Menschheit ist der antiken Welt vollständig unbekannt geblieben. Von ihren Philosophen dunkel geahnt, war sie zu unvereinbar mit einer auf Sklaverei beruhenden Zivilisation und ebenso mit der ausschließlichen nationalen Organisation der Staaten, um dort zugelassen werden zu können. Christus verkündete sie der Welt und er war deshalb der Befreier der Sklaven und theoretisch der Zerstörer der antiken Gesellschaft. [18]

Wenn es jemals einen unmittelbar von Gott erleuchteten Menschen gab, so war er es. Wenn es eine absolute Religion gibt, so ist es die seine. Wenn man bei den Evangelien von einigen ungeheuerlichen Zusammenhanglosigkeiten absieht, die augenscheinlich entweder von der Dummheit der Abschreiber oder der Unwissenheit der Jünger in sie hineingebracht wurden, so findet man in ihnen unter einer volkstümlichen Form die ganze göttliche Wahrheit: Gott, der reine Geist, die Vorsehung und die Gerechtigkeit der Welt; seinen einzigen Sohn, den auserwählten Menschen, der, vom heiligen Geist erleuchtet, die Welt erlöst; und endlich diesen göttlichen Geist, der sich am Schluß enthüllte, offenbarte und allen Menschen den Weg des ewigen Heils zeigte. Das ist die göttliche Dreieinigkeit. Neben ihr der Mensch, mit einer unsterblichen Seele begabt, frei und deshalb verantwortlich und zu unendlicher Vollkommenheit berufen. Endlich wird die Brüderlichkeit aller Menschen im Himmel und ihre Gleichheit (d.h. ihre gleiche Nichtigkeit) vor Gott laut verkündet. Man müßte wahrlich sehr eigen sein, wenn man mehr verlangen würde.

Später sind diese Wahrheiten zweifellos durch die Unwissenheit und die Dummheit, wie auch durch den unverständigen und zu oft sogar leidenschaftlich interessierten Eifer der Theologen unseligerweise entstellt und verdorben worden, so daß, wenn man gewisse theologische Abhandlungen liest, man sie kaum zu erkennen vermag. Die wahre Philosophie aber hat gerade die besondere Aufgabe, sie loszulösen von dieser menschlichen und unreinen Beimischung und sie in ihrer ganzen ursprünglichen Einfachheit, die sowohl wissenschaftlich als auch göttlich ist, wiederherzustellen. [19]

Die christliche Offenbarung diente einer neuen Kultur zur Grundlage. Sie begann von neuem am Anfang und nahm die Organisation einer neuen Theokratie, die unbedingte Herrschaft der hirche, als Grundlage und Ausgangspunkt. Das war verhängnisvoll. Die Kirche, als sichtbare Verkörperung der göttlichen Wahrheit und des göttlichen Willens, mußte notwendig die Welt regieren. Wir finden auch in dieser neuen christlichen Welt wieder vier Klassen, die den Kasten des Altertums entsprechen, die uns aber gleichwohl von dem neuen Geist abgeändert erscheinen: die Klasse der Priester, dieses Mal nicht erblich, sondern unterschiedslos aus allen Klassen sich rekrutierend; die erbliche Klasse der feudalen Herren, die Krieger; diejenige der Bürgerschaft der Städte, welche dem freien Volk des Altertums entspricht; und endlich die Klasse der Leibeigenen, die steuer- und fronpflichtigen Bauern, welche die Sklaven ersetzten, mit dem ungeheuren Unterschied, daß man sie nicht mehr als Dinge, sondern als mit unsterblichen Seelen begabte Menschen betrachtete, was die Herrn nicht hinderte, sie so zu behandeln, als hätten sie überhaupt keine Seele.

Außerdem finden wir in der christlichen Gesellschaft eine neue Tatsache: die von jetzt ab unvermeidliche Trennung zwischen Kirche und Staat. Diese Trennung war die natürliche Folge des internationalen, allgemein menschlichen (unmenschlichen, aber göttlichen) Prinzips des Christentums. Solange die Götter und Kulte ausschließlich national waren, konnten, mußten sie sogar mit den nationalen Staaten verschmelzen. Aber sobald die Kirche den Charakter der Allgemeinheit angenommen hatte und da die Verwirklichung des allgemeinen Staates materiell unmöglich war (und trotzdem sollte es für Gott hier nichts Unmögliches geben!), mußte die Kirche wohl oder übel außerhalb ihrer die Existenz und die Organisation nationaler Staaten zulassen, die natürlich ihrer hohen Leitung unterworfen waren und nur solange das Recht der Existenz hatten, als sie sie sanktionierte, die aber gleichwohl ein von ihr getrenntes Dasein führten. Daher der geschichtliche, notwendige Kampf zwischen beiden göttlichen Einrichtungen, zwischen Kirche und Staat; die Kirche wollte dem Staat keinerlei Rechte zuerkennen, solange er sich nicht ihrer Überlegenheit beugte, und der Staat proklamierte im Gegensatz dazu, daß er ebenso wie die Kirche von Gott selbst eingesetzt und deshalb nur von Gott abhängig sei.

In diesem Kampf der Staaten gegen die Kirche stützte sich die konzentrierte Macht des Staates, vertreten durch das Königtum, hauptsächlich auf die mehr oder weniger von den feudalen Herrn geknechteten Volksmassen, zum Teil auf die Leibeigenen des Landes, besonders aber auf das Volk der Städte, auf die entstehende Bürgerschaft und die Handwerkervereinigungen; die Kirche dagegen fand sehr rührige Verbündete in den feudalen Herrn, den natürlichen Feinden der zentralistischen Macht des Königtums und den Anhängern der Auflösung der nationalen Einheit, der Auflösung des Staates. Aus diesem dreifachen, religiösen, politischen und sozialen Kampf entstand der Protestantismus.

Der Triumph des Protestantismus hatte nicht nur die Trennung der Kirche und des Staates zur Folge, sondern auch noch in vielen, selbst katholischen Ländern, das tatsächliche Aufgehen der Kirche im Staat und deshalb die Bildung absoluter monarchischer Staaten, die Entstehung des modernen Despotismus. Das war der Charakter, den von der zweiten Hälfte des 17. Jahrhunderts an alle Monarchien auf dem Festland von Europa annahmen.

Je nachdem die getrennte Macht der Kirche und die feudale Unabhängigkeit der Herrn im höchsten Recht des modernen Staates aufgingen, mußte auch die sowohl kollektive als individuelle Leibeigenschaft der Volksmassen, Bourgeoisie, Handwerker und Bauern dabei inbegriffen, notwendig verschwinden und allmählich die Errichtung der bürgerlichen Freiheit aller Bürger, oder vielmehr aller Staatsuntertanen, Platz machen (was heißen will, daß der mächtigere, aber weniger brutale, und deshalb viel systematischer zermalmende Despotismus des Staates dem der Herren und der Kirche folgt).

Im Staate aufgehend, wurden die Kirche und der feudale Adel die beiden bevorrechteten Körper. Die Kirche suchte mehr und mehr zu einem trefflichen Herrschaftsinstrument nicht mehr gegen die Staaten, sondern in ihrem Schoße und zum ausschließlichen Nutzen der Staaten, zu werden. Sie erhielt vom Staate die wichtige Aufgabe, die Gewissen zu leiten, die Geister zu erheben und die Seelenpolizei zu machen, nicht mehr zum Ruhme Gottes, sondern zum Wohle des Staates. Nachdem der Adel seine politische Unabhängigkeit verloren hatte, wurde er der Höfling der Monarchie, und von ihr begünstigt, bemächtigte er sich des Monopols des Staatsdienstes und kannte von jetzt ab kein anderes Gesetz mehr, als das Vergnügen des Monarchen. Kirche und Aristokratie bedrückten von da ab die Völker nicht im eigenen Namen, sondern im Namen und durch die Allmacht des Staates. [20]

Neben dieser politischen Unterdrückung der unteren Klassen gab es noch ein anderes Joch, das schwer auf der Entwicklung ihres materiellen Wohlstandes lastete. Der Staat hatte wohl die Einzelnen und die Gemeinden von der herrschaftlichen Abhängigkeit befreit, er hatte aber keineswegs die doppelt geknechtete Arbeit des Volkes befreit: auf dem Lande durch die dem Eigentum noch anhaftenden Vorrechte, wie auch durch die den Landwirten auferlegten Frondienste, in den Städten durch die körperschaftliche Organisation der Handwerker: diese Vorrechte, Dienste und diese Organisation, welche aus dem Mittelalter stammten, hinderten die endgültige Befreiung der Klasse der Bourgeoisie.

Die Bourgeoisie ertrug dieses doppelte, politische und wirtschaftliche Joch mit steigender Ungeduld. Sie war reich und intelligent geworden, viel reicher und intelligenter als der Adel, welcher sie beherrschte. Stark, dieser beiden Vorteile wegen und unterstützt vorn Volk, fühlte sich die Bourgeoisie berufen, alles zu werden, und sie war noch nichts. Deshalb die Revolution.

Diese Revolution wurde vorbereitet durch jene großartige Literatur des 18. Jahrhunderts, mit deren Hilfe der philosophische, politische und wirtschaftliche Aufruhr sich in einer gemeinsamen, mächtigen, gewaltigen, hartnäckig im Namen des menschlichen Geistes verkündeten Forderung vereinte und die öffentliche revolutionäre Meinung erzeugte, welche ein viel furchtbareres Zerstörungsmittel ist, als alle Chassepots, Zündnadelgewehre und die heute so vervollkommneten Kanonen. Dieser neuen Macht konnte nichts widerstehen. Die Revolution brach los und vernichtete gleichzeitig die Vorrechte des Adels, der Altäre und Throne.

12.) Diese so enge Verbindung der praktischen Forderungen mit der theoretischen Bewegung der Geister im 18. Jahrhundert bildete einen ungeheuren Unterschied zwischen den revolutionären Strebungen dieses Zeitalters und denen Englands im 17. Jahrhundert. Sie trug zweifellos viel dazu bei, die Macht der Revolution zu erweitern, indem sie ihr einen internationalen, allgemeinen Charakter aufdrückte. Zur selben Zeit mußte sie aber folgerichtig die politische Bewegung der Revolution in die Irrtümer hineinführen, welche die Theorie nicht zu vermeiden wußte. Gleichwie die philosophische Verneinung sie zerschmetterte, als sie Gott angriff und sich materialistisch und atheistisch nannte, ebenso griff die politische und soziale Verneinung, durch dieselbe zerstörende Leidenschaft irregeführt, die wesentlichen und ersten Grundlagen jeder Gesellschaft an, den Staat, die Familie und das Eigentum, und wagte sich laut als anarchistisch und sozialistisch zu verkünden: siehe die Hebertisten und Babeuf, und später Proudhon und die ganze Partei der revolutionären Sozialisten. Die Revolution tötete sich selbst, und wiederum führte der Triumph der entfesselten und ungeordneten Demokratie den der militärischen Diktatur herbei.

Diese Diktatur konnte nicht von langer Dauer sein, weil die Gesellschaft weder aufgelöst noch tot war, wie zur Zeit der Errichtung des Kaiserreichs der Cäsaren. Die heftigen Erschütterungen von 1789 und 1793 hatten sie nur ermüdet und momentan erschöpft, nicht vernichtet. Unter dem gleichförmigen und ruhmvollen Despotismus Napoleon I. jeder Initiative beraubt, benutzte die Bourgeoisie diese zwangsweise Muße, um sich zu sammeln und im Geiste die fruchtbaren Keime der Freiheit, welche die Bewegung des vorhergehenden Jahrhunderts in ihrem Schoße niedergelegt hatte, weiter zu entwickeln. Von den grausamen Erfahrungen einer gescheiterten

Revolution gewarnt, verzichtete sie auf die übertriebenen Prinzipien von 1793 und kehrte zu denen von 1789 zurück, welche der treue und wahre Ausdruck des Volkswillens und nicht der einer Sekte, einer Partei gewesen waren; in der Tat enthielten sie alle Bedingungen einer weisen, vernünftigen und politischen Freiheit (d.h. einer ausschließlich bourgeoisen, vollständig zum Nutzen der Bourgeoisie und zum Nachteil des Volkes; das Wort „praktisch" bedeutet im Munde eines Bourgeois nie etwas anderes), sie machten sie noch praktischer, indem sie alles entfernten, was die Philosophie des 18. Jahrhunderts an zu Unbestimmtem in sie hineingetragen hatte (dieses an zu Unbestimmtem will heißen: an zu Demokratischem, zu Volkstümlichem, zu Menschlichem), wie die neuen Bedürfnisse und Bedingungen der Zeit es verlangten. Auf diese Weise schuf sie endgültig die Theorie vom konstitutionellen Recht, dessen erste Apostel Montesquieu, Necker, Maribeau, Mounier, Dufot, Barnave und so viele andere gewesen waren und dessen Verfechter unter dem Kaiserreich Madame de Stael und Benjamin Constant wurden.

Als die gesetzmäßige Monarchie nach dem Sturz Napoleons in Frankreich wieder eingeführt war und das ehemalige Regime wiederherstellen wollte, traf sie auf die zugleich überlegte und mächtige Gegnerschaft der Klasse der Bourgeoisie, die von da ab wußte, was sie wollte und sogar in ihrer Mäßigung stark war; sie verteidigte Schritt für Schritt die unsterblichen und gesetzlichen Errungenschaften der Revolution, die Unabhängigkeit der bürgerlichen Gesellschaft gegen die unsinnigen Anmaßungen einer in die Macht der Jesuiten zurückgefallenen Kirche; die Aufrechterhaltung der Abschaffung aller Adelsvorrechte; die Gleichheit aller vor dem Gesetz; endlich das Recht des Volkes, nicht ohne seine Zustimmung besteuert zu werden, an der Regierung und Gesetzgebung des Landes teilzunehmen und die Regierungsakte zu überwachen durch eine regelmäßige Vertretung, die aus dem freien Stimmrecht aller aktiven Bürger, d.h. der besitzenden und erleuchteten, hervorzugehen hat. Weil die gesetzmäßige Monarchie diese wesentlichen Bedingungen des neuen Rechts nicht ganz annehmen wollte, fiel sie.

13.) Die Julimonarchie hat endlich das wahre System der modernen Freiheit in seinem ganzen Umfang verwirklicht. Zweifellos gibt es Unvollkommenheiten; aber es sind das solche, die allen menschlichen Einrichtungen natürlicherweise anhaften. Diejenigen, welche man im konstitutionellen System vom Juli findet, müssen hauptsächlich der Unzulänglichkeit der Kenntnis und Praxis der Freiheit, nicht nur in den Massen, sondern sogar in der Bourgeoisie zugeschrieben werden, zum Teil vielleicht auch der politischen Unfähigkeit der Männer, welche die Macht in die Hände genommen haben. Dies Unvollkommenheiten sind also vorübergehend, sie müssen unter dem Einfluß fortschreitender Kultur weg- fallen. Aber das System an sich ist vollkommen: es gibt eine praktische Lösung aller Fragen, aller gesetzlichen Bestrebungen, aller wirklichen Bedürfnisse der menschlichen Gesellschaft.

Es beugt sich vor allem vor Gott, der Ursache allen Seins, der Quelle jeder Wahrheit, dem unsichtbaren Eingeber der guten Gedanken; aber wenn es ihn auch im Geiste anbetet, so will es doch nicht zulassen, daß untreue und fanatische Vertreter seiner unwandelbaren Autorität in seinem Namen die Welt mißhandeln und unterdrücken. Es gibt in der in allen Staatschulen offiziell gelehrten Philosophie auch intelligente Menschen, die guten Willens sind, das Mittel, ihren Geist und ihr Herz bis zum Verständnis der ewigen Wahrheiten empordringen zu lassen, ohne von jetzt ab das Bedürfnis nach der Vermittlung der Priester zu haben. Die patentierten Lehrer des Staates nehmen die Stelle der Priester ein, die Universität wird gewissermaßen die Kirche des gebildeten Publikums. Aber das System lehrt gleichzeitig eine aufgeklärte Achtung aller traditionell festgesetzten Kirchen, weil es sie als nützlich und sogar unentbehrlich erkennt, und zwar wegen der Unwissenheit der Massen. Da es die Gewissensfreiheit achtet, beschützt das System gleicherweise alle alten Kulte, unter der Voraussetzung, daß ihre Prinzipien, ihre Moral und ihre Praxis nicht in Widerspruch stehen zu den Prinzipien, der Moral und der Praxis des Staates.

Das System anerkennt die Grundlage und unbedingte Voraussetzung der Freiheit, der Menschenwürde und der Sittlichkeit, die Lehre vom freien Willen, d.h. die unbedingte Freiheit der Bestimmungen des persönlichen Willens und die Verantwortlichkeit eines jeden für seine Handlungen; daraus ergibt sich für die Gesellschaft das Recht und die Gewalt, zu strafen.

Das System anerkennt das persönliche und erbliche Eigentum und die Familie als die wahren Grundlagen und Voraussetzungen der Freiheit, der Würde und der Sittlichkeit des Menschen. Es achtet das Recht auf Eigentum in Jedem, ohne ihm eine andere Grenze zu setzen, als das gleiche Recht der Anderen, ohne andere Einschränkungen als die, welche von der Berücksichtigung der öffentlichen Nützlichkeit, vertreten vom Staat, diktiert werden. Nach ihm ist das Eigentum ein natürliches Recht, das dem Staate vorgeht; es wird aber nur dann ein juridisches Recht, wenn es vom Staate als solches geweiht und garantiert wird. Es ist also gerecht, daß der Staat dem Eigentümer die Hilfe aller leiht und ihm die Bedingungen auferlegt, die vom Interesse aller diktiert werden. Aber diese Einschränkungen und Bedingungen müssen derart sein, daß sie bei allem Wechsel, soweit das unbedingt nötig wird und nicht mehr, den Grund des natürlichen Rechtes des Eigentümers, in seinen verschiedenen Formen und Auswirkungen, unangetastet lassen. Denn der Staat ist nicht die Verneinung, sondern im Gegenteil die Weihe und die rechtliche Organisation aller natürlichen Rechte, woraus folgt, daß, wenn er sie in ihrem Wesen, in ihrem Grund angriffe, er sich selbst zerstören würde. (Er garantiert immer, was er findet: den Einen ihren Reichtum, den Andern ihre Armut; den Einen die auf dem Eigentum beruhende Freiheit, den Andern die Sklaverei, die unselige Folge ihres Elends; er zwingt die Elenden, immer zu arbeiten und sich töten zu lassen, damit jener Reichtum der Reichen zunehme und gesichert sei, welcher die Ursache ihres Elends und ihrer Sklaverei ist. Das ist die wahre Natur und die wahre Aufgabe des Staates.)

Ebenso ist es mit der Familie, die übrigens durch ihr Prinzip, wie auch tatsächlich mit dem Prinzip und der Tatsache des persönlichen und erblichen Eigentums unlöslich verknüpft ist. Die Autorität des Gatten und Vaters ist ein natürliches Recht. Die durch den Staat vertretene Gesellschaft weiht sie rechtlich. Aber gleichzeitig steckt sie d□r natürlichen Macht desselben gewisse Grenzen, um ein anderes natürliches Recht zu retten, das der individuellen Freiheit der untergeordneten Glieder der Familie, d.h. der Mutter und der Kinder. Gerade dadurch, daß sie ihm diese Grenzen steckt, weiht sie es, verwandelt sie es in ein juridisches Recht und gibt der Gatten- und Vaterautorität Gesetzeskraft. Das System betrachtet die rechtliche Familie, begründet auf dieser zweifachen Autorität, das rechtlich erbliche Eigentum, als wesentliche Grundlage jeder Moral, jeder menschlichen Kultur, des Staates.

Es betrachtet den Staat als göttliche Einrichtung, in dem Sinne, daß er, vom Beginn der Geschichte an, gegründet und allmählich entwickelt wurde durch seine objektive, göttliche Vernunft, die der Menschheit, als Ganzes betrachtet, fest verbunden ist; die historischen Individuen, die, sei es zu seiner Gründung, sei es zu seiner Entwicklung, beigetragen haben, sind nichts anderes gewesen, als die göttlich erleuchteten Vermittler. Es betrachtet den Staat als die unvermeidliche, ständige, einzige und unbedingte Form des gemeinsamen Daseins der Menschen, d.h. der Gesellschaft, als die höchste Voraussetzung jeder Kultur, jedes menschlichen Fortschritts, der Gerechtigkeit, der Freiheit, des allgemeinen Wohlstandes; kurz als die einzig mögliche Verwirklichung des Menschentums. (Und trotzdem ist es augenscheinlich, wie ich später zeigen werde, daß der Staat die schreiendste Verneinung des Menschentums ist.)

Als Vertreter der allgemeinen Vernunft, des allgemeinen Wohles und des Rechtes alles, als höchstes Organ der gemeinsamen Entwicklung der Gesellschaft, sowohl der materiellen, als auch der geistigen und moralischen, muß der Staat, gegenüber allen Individuen, mit einer großen Autorität und einer furchtbaren Macht ausgerüstet sein. Es liegt aber im Prinzip des Staates, daß diese Autorität, diese Macht es versucht, ohne ihr Objekt und ihre Grundlage zu zerstören, das natürliche Recht der Menschen zu vernichten. Wenn der Staat die natürliche Freiheit jedes Individuums ändert und teilweise begrenzt, so geschieht das nur, um sie durch die Garantie jener gemeinsamen Macht, deren einziger gesetzlicher Vertreter er ist, zu verstärken, um sie zu weihen, zu zivilisieren und sie, mit einem Wort, in juridische Freiheit umzuwandeln; die natürliche Freiheit ist ja die Freiheit der Wilden, die juridische Freiheit allein ist zivilisierter Menschen würdig. Der Staat ist also gewissermaßen die Kirche der modernen Zivilisation, die Advokaten sind seine Priester. Woraus ganz klar hervorgeht, daß die beste Regierung die der Advokaten ist.

In der politischen und juridischen Freiheit, deren Einrichtung das eigentliche Ziel des Staates ausmacht, verbinden sich zwei fundamentale Prinzipien jeder menschlichen Gesellschaft, die so unbedingt eingesetzt erscheinen, daß sie viele auszuschließen erscheinen, und die dennoch so unzertrennlich sind, daß das Eine ohne das Andere nicht existieren könnte: das Autoritätsprinzip und das der Freiheit. (Ja, sie verschmelzen im Staate derart gut, daß das erste immer das zweite zerstört und daB da, wo es dasselbe bestehen läßt, es zum Nutzen einer beliebigen Minderheit geschieht, aber nicht mehr als Freiheit, sondern als Vorrecht. Der Staat verwandelt also, was man übereingekommen ist die natürliche Freiheit der Menschen zu nennen, in Sklaverei für alle und in ein Vorrecht für einige wenige.)

Seit dem Anfang der Geschichte, während einer langen Folge von Jahrhunderten, ist es das Autoritätsprinzip, welches fast ausschließlich vorherrschte, so daß das Prinzip der Freiheit sehr lange kein anderes Mittel hatte, sich zu zeigen, als die Revolte; diese Revolte ging am Ende des 18. Jahrhunderts bis zur vollständigen Verneinung des Autoritätsprinzips, was bekanntlich die Wiederherstellung des letzteren, seine von neuem ausschließliche Herrschaft unter dem Kaiserreich und gemäßigter unter der gesetzmäßigen, wiederhergestellten Monarchie zur Folge hatte, bis es wiederum von einer Empörung des Freiheitsprinzips besiegt wurde. Aber dieses Mal versuchte die jetzt selbst gemäßigter und weiser (d.h. bourgeois und nur bourgeois) gewordene Freiheit nicht mehr die unmögliche Zerstörung der so heilsamen und so notwendigen Autorität des Staates; sie verbündete sich im Gegenteil mit ihm, um die Juli-Monarchie, die Charte-verite, zu gründen. [21]

Der Staat als göttliche Einrichtung ist von Gottes Gnaden. Aber nicht so die Monarchie. Es war gerade der große Irrtum der Restauration, auf unbedingte Weise die monarchische Form und die Person des Monarchen mit dem Staate gleichsetzten zu wollen. Die Juli-Monarchie war keine göttliche, sondern eine Nützlichkeitseinrichtung, die man der Republik vorzog, weil sie den Sitten Frankreichs angemessener war und besonders, weil sie durch die große Unwissenheit des französischen Volkes notwendig geworden war. Deshalb war auch der schönste Ruhmestitel, mit dem sich der aus der Revolution hervorgegangene König, Louis Philipp, überheben konnte, der: Die beste der Republiken, ein Titel, der ungefähr dem des „König Weltmann" gleichkam, welchen man später dem König von Italien, Viktor Emmanuel, gab.

Das göttliche, das gemeinsame Recht, hegt also einzig im Staat, sei seine Form monarchisch oder republikanisch. Die beiden Prinzipien, die ihn ausmachen, das der Autorität und das der Freiheit, haben jedes eine getrennte Organisation, vervollständigen sich gegenseitig und bilden im Staate ein organisches Ganzes.

Die Autorität und die Macht des Staates, welche zur Aufrechterhaltung des Rechts und der öffentlichen Ordnung im Inneren und zur Verteidigung des Landes gegen die äußeren Feinde so notwendig ist, werden durch jene prachtvolle Zentralisation dargestellt (es sind dies die eigenen Worte des Herrn Thiers', die heute von Herrn Gambetta in die Tat umgesetzt werden; sie drücken die innere Überzeugung, um nicht zu sagen den Kult aller liberalen und autoritären Doktrinäre, ebenso der ungeheuren Mehrheit der französischen Republikaner aus), durch jene großartige politische, militärische, administrative, gerichtliche, finanzielle, polizeiliche, öffentliche und sogar religiöse Maschine des Staates, welcher bürokratisch organisiert, durch die Revolution auf den Ruinen des ehemaligen Partikularismus der Provinzen gegründet wurde und die ganze Kraft der modernen Großmächte ausmacht.

Die politische Freiheit wird im Staate durch eine gesetzliche Körperschaft vertreten, die aus dem freien Wahlrecht des Landes hervorgeht und regelmäßig einberufen wird. Diese Körperschaft hat nicht nur die Aufgabe, die Ausgaben zu regeln und als einzig rechtmäßige Vertreterin der nationalen Souveränität an der Gesetzgebung teilzunehmen, sondern übt auch im Namen eben dieser Hoheit, eine ständige Kontrolle über die Regierungsakte und einen allgemeinen, positiven Einfluß in allen inneren als auch äußeren Angelegenheiten und Beziehungen des Landes aus. Die verschiedenen Arten der Organisation dieses Rechts hängen viel weniger vom Prinzip ab, als von der Menge lokaler und wechselnder Umstände, von den Gebräuchen, dem Grade der Bildung, den politischen Voraussetzungen und Gewohnheiten eines Landes. Logisch gesprochen, dürfte es in einem einheitlichen und zentralisierten Lande, wie Frankreich zum Beispiel, nur eine einzige Kammer geben. Eine erste oder Ober-Kammer hat Daseinsrecht nur in einem Lande, wo die adelige Aristokratie noch eine rechtlich und sozial getrennte Klasse bildet, wie in England oder auch in Ländern, wie in den Vereinigten Staaten und der Schweiz, wo die Provinzen (die Kantone, die Staaten) innerhalb der politischen Einheit eine selbständige Existenz sich erhalten haben; aber nicht in einem Lande wie Frankreich, wo die Gleichheit aller Bürger vor dem allgemeinen Gesetze proklamiert wurde und wo die Selbständigkeit der Provinzen in einer Zentralisation aufgegangen ist, die keinen Schatten von Unabhängigkeit und Unterschied, sei es kollektiv oder individuell, zuläßt. Die Schaffung einer Pariser Kammer, die vom König ins Leben gerufen wurde, erklärt sich in der Verfassung von 1830 nur als eine Vorsichtsmaßregel, als eine Art Fessel, welche sie klugerweise ihrem eigenen zu revolutionärem Temperament anlegte. (Daraus geht immer hervor, daß diese Oberkammer – Pairskammer, Senat – kein organisches Daseinsrecht hat, daß sie nicht im Lande wurzelte, das sie in keiner Weise vertritt; sie hat infolgedessen keine, weder materielle, noch moralische Macht, die ihr eigen ist; sie ist nur da zum Vergnügen der ausführenden Macht, wie eine Nebenstelle der letzteren. Sie ist ein sehr nützliches Instrument, um oft die Macht der eigentlichen Volkskammer, der sogenannten Vertretung der nationalen Freiheit, zu lähmen und zu vernichten; ein Instrument um Despotismus unter verfassungsmäßigen Formen auszuüben, wie wir es in Preußen gesehen haben und wie wir es noch lange in Deutschland sehen werden. Sie kann aber der Macht diesen Dienst nur erweisen, wenn diese letztere durch sie selbst stark ist; sie fügt ihrer Kraft nichts hinzu, da sie selbst erst durch die (Regierungs-) Macht stark ist, ebenso wie die Bürokratie. Jedesmal, wenn eine Revolution ausbricht, so verschwindet sie auch wie ein Schatten.)

Mit der anderen, so wichtigen Frage des beschränkten oder des allgemeinen Wahlrechts ist es genau so. Logischerweise könnte man für alle mündigen Bürger das Wahlrecht fordern, und es gibt keinen Zweifel darüber, daß, je mehr Bildung und Wohlstand in den Massen sich verbreiten werden (was zum Glück für die Ausbeuter nie eintreffen wird, solange die Herrschaft der bevorrechteten Klassen dauern wird, oder allgemein solange die Staaten existieren werden), desto mehr auch dieses Recht sich ausbreiten wird. Aber in den praktischen Fragen, besonders in denen, welche die gute Regierung und den Wohlstand eines Landes betreffen, müssen die Erwägungen des formellen Rechts denen des öffentlichen Interesses vorstehen.

Es ist klar, daß die unwissenden Massen zu leicht dem verderblichen Einfluß der Gaukler unterworfen sind. (Man betrachte den Einfluß der Priester und der Großgrundbesitzer auf dem Lande, den der Advokaten und Staatsbeamten in den Städten. [22] Sie haben kein anderes materielles Mittel, um den Charakter, die wahren Gedanken und wirklichen Absichten der Einzelnen (der Politiker aller Schattierungen), die sich ihrem Votum empfehlen, kennen zu lernen; das Denken und Wollen der Massen ist fast immer das Denken und Wollen derjenigen, die irgendein Interesse haben, sie so und so zu beeinflussen.[23]

Andererseits hat das Proletariat, da es nichts besitzt und rein nichts zu verlieren hat, und obgleich es einen großen Teil der Bevölkerung ausmacht, keinerlei Interesse an der Erhaltung der öffentlichen Ordnung und deshalb würde es keine guten Abgeordneten wählen können. Es zieht Demagogen immer den konservativen Männern vor. Um wirksam und ernst zu sein, muß die Vertretung eines Landes der getreue Ausdruck seines Denkens und Wollens sein. Dieses Denken und Wollen findet sich aber nur wirklich, bewußt in den gebildeten und besitzenden Klassen eines Landes, die allein fähig sind, durch ihr tiefes Denken alle Staatsinteressen zu erfassen, die alle an der Aufrechterhaltung der Gesetze und der öffentlichen Ruhe lebhaft Anteil nehmen. (Das ist vollkommen richtig und niemand wird die politische Fähigkeit der Bourgeoisie in Zweifel stellen können. Es ist sicher, daß sie viel besser als das Proletariat weiß, was sie will und wünschen muß, aus zwei Gründen: zuerst, weil sie viel gebildeter ist als dieses, weil sie viel mehr Muße und Mittel aller Art hat, um die Leute, welche sie wählt, kennen zu lernen; dann, und das ist gerade der Hauptgrund, weil ihr Ziel weder neu noch ungeheuer groß ist, wie das des Proletariats; es ist im Gegenteil ganz allgemein bekannt und vollständig durch die Geschichte wie auch durch alle Voraussetzungen der gegenwärtigen Lage bestimmt: dieses Ziel ist die Aufrechterhaltung ihrer politischen und wirtschaftlichen Herrschaft. Es ist so klargestellt, daß es sehr leicht ist, zu wissen und zu erraten, welcher der Kandidaten, die sich um das Votum der Bourgeoisie bewerben, fähig sein wird, ihr wohl zu dienen und welcher nicht. Es ist also sicher, oder fast sicher, daß die Bourgeoisie immer nach den innersten Wünschen ihres Herzens vertreten sein wird. Was aber nicht weniger sicher ist, ist, daß diese vom bourgeoisen Gesichtspunkt aus ausgezeichnete Vertretung vom Gesichtspunkt der Volkinteressen aus verdammenswert sein muß. Da die bourgeoisen Interessen denen der Arbeitermassen unbedingt entgegengesetzt sind, so ist gewiß, daß ein bürgerliches Parlament nie etwas anderes wird tun können, als die Sklaverei des Volkes gesetzlich zu machen und alle Maßnahmen zu bewilligen, die darauf ausgehen, sein Elend und seine Unwissenheit zu verewigen. Man muß wirklich sehr naiv sein, um zu glauben, ein bürgerliches Parlament könne aus freien Stücken für eine geistige, materielle und politische Befreiung des Volkes stimmen. Hat man jemals in der Geschichte gesehen, daß eine politische Körperschaft, eine bevorrechtete Klasse, sich aus Liebe zur Gerechtigkeit und zum Menschentum aufgegeben und das Geringste von ihren Interessen und sogenannten Rechten geopfert hat? Ich glaube, schon gezeigt zu haben, daß sogar jene berühmte Nacht vom 4. August, als der französische Adel edelmütig seine Vorrechte auf dem Altar des Vaterlandes opferte, nichts als eine erzwungene und späte Folge der furchtbaren Bauernerhebung war, bei der die Bauern überall die Adelsbriefe und Schlösser ihrer Herrn verbrannten. Nein, die Klassen haben sich nie geopfert und werden es nie tun, weil das ihrer Natur, ihrem Daseinsrecht zuwiderläuft und nichts wird und kann gegen die Natur und das Recht geschehen. Derjenige, welcher von irgendeiner bevorrechteten Versammlung Maßnahmen und Gesetze für das Volk erwarten würde, wäre verrückt!)

Aus allem, was soeben gesagt wurde, ergibt sich, daß es vollkommen rechtmäßig, weise und notwendig ist, in der Praxis das Wahlrecht zu beschränken. Das beste Mittel, es zu beschränken, ist aber die Aufstellung eines Wahlzensus, einer Art beweglicher politischer Leiter, die doppelten Nutzen hat: erstens schützt sie den Wahlkörper gegen das brutale Drängen der unwissenden Massen, zu gleicher Zeit erlaubt er es ihm nicht, sich als aristokratischen und geschlossenen Körper zu bilden, indem er ihn immer all denen offenhält, die durch ihre Intelligenz, Arbeitsenergie und weises Sparen sich ein bewegliches oder unbewegliches Eigentum zu erwerben verstanden und die verlangte Höhe direkter Steuern bezahlten. Allerdings hat dieses System das Ungeschickte, daß es aus dem Wahlkörper eine ziemlich beträchtliche Anzahl von Fähigen ausschließt; um das auszugleichen, hatte man vorgeschlagen, auch die Tüchtigen zuzulassen. Aber außer der Schwierigkeit, die entstünde, wenn man bestimmen wollte, welches die wirklich Tüchtigen sind, sofern man nicht als Tüchtige die anerkennt, welche ihr Gymnasiumdiplom erlangt haben, gibt es noch eine viel wichtigere Erwägung, die sich dieser Zuziehung dieser sogenannten Fähigen entgegenstellt. Um ein guter Wähler zu sein, genügt es nicht, intelligent und gebildet zu sein, ja sogar nicht einmal viel Talent zu haben, man muß noch vor allem moralisch sein. Wie aber zeigt sich die Sittlichkeit eines Menschen? Durch seine Fähigkeit, Eigentum zu erwerben, wenn er arm geboren ist, oder es zu erhalten, oder zu vermehren, wenn er das Glück gehabt hat, es zu erben.[24]

Die Grundlage der Moral ist die Familie; die Familie aber hat als Grundlage und wirkliche Voraussetzung das Eigentum; wonach es augenscheinlich ist, daß das Eigentum als Voraussetzung und Beweis des sittlichen Wertes eines Menschen betrachtet werden muß. Ein intelligenter, tatkräftiger und rechtschaffener Mensch wird nie verfehlen, dieses Eigentum zu erwerben, welches die gesellschaftlich notwendige Voraussetzung der Achtung des Bürgers und Menschen ist, der Ausdruck seiner Manneskraft, das sichtbare Zeichen seiner Fähigkeiten und zugleich seiner rechtschaffenen Anordnungen und Absichten. Die Ausschließung der nichtbesitzenden Tüchtigen ist also, nicht nur tatsächlich, sondern auch im Prinzip, eine vollständig rechtmäßige Maßregel. Sie ist ein Anreiz für alle wirklich rechtschaffenen und tüchtigen Menschen und eine gerechte Strafe für die, welche fähig waren, Eigentum zu erwerben, und es vernachlässigt oder verachtet, es zu tun. Diese Vernachlässigung und diese Verachtung können als Quelle nur die Faulheit, die Feigheit und die Leichtfertigkeit des Charakters, die Haltlosigkeit des Geistes haben. Das sind ganz gefährliche Menschen; je größer ihre Fähigkeiten sind, desto mehr sind sie verdammenswert und desto strenger müssen sie gestraft werden; denn sie tragen Unordnung und Unsittlichkeit in die Gesellschaft. (Pilatus hatte recht, als er Jesus Christus wegen seiner religiösen und politischen Ansichten festnehmen ließ; er hätte ihn als Müßiggänger und als Landstreicher ins Gefängnis werfen sollen.) Begabte Menschen, die ihr Glück nicht machen, können zweifelsohne sehr gefährliche Demagogen, aber nie nützliche Bürger werden.

Der so aufgebaute Staat ist die erste Voraussetzung oder die Grundlage und gleichzeitig das höchste Ziel aller menschlichen Kultur. Er ist ihr erhabenster Ausdruck auf dieser Erde.

Außerhalb des Staates ist keine Kultur oder Humanisierung der Menschen möglich, wenn man sie sowohl vorn individuellen Gesichtspunkt als getrennt freie Wesen, als auch vom kollektiven Gesichtspunkt als menschliche Gesellschaft betrachtet. Jeder ist dem Staat Dank schuldig, da ja der Staat die höchste Voraussetzung des Menschentums eines Jeden und Aller ist. Der Staat stellt sich also jedem als der einzige Vertreter des Guten, des Heils, der Gerechtigkeit aller dar. Er beschränkt die Freiheit eines Jeden im Namen der Freiheit Aller, die persönlichen Interessen eines Jeden im Namen des gemeinsamen Interesses der ganzen Gesellschaft. [25]

Im Namen jener Fiktion, die sich bald das Gesamtinteresse, das Gesamtrecht, bald den gemeinsamen Willen und die gemeinsame Freiheit nennt, proklamieren die jakobinischen Absolutisten der Schule Jean Jaques Rousseau's und Robespierre's die bedrohliche und grausame Theorie von dem absoluten Recht des Staates, während die monarchischen Absolutisten sie mit vielmehr logischer Konsequenz auf die Gnade Gottes stützen. Die liberalen Doktrinäre, mindestens die unter ihnen, welche die liberalen Theorien ernst nehmen, gehen aus von dem Prinzip der individuellen Freiheit und stellen sich sogleich – wie man weiß – in Gegensatz zu dem des Staates. Sie haben zuerst ausgesprochen, daß die Regierung, d.h. der so oder so organisierte Beamtenkörper, welcher eigens dazu berufen ist, die Arbeit des Staates auszuführen, ein notwendiges Übel sei, und daß die ganze Kultur darin bestände, immer mehr und mehr ihre Befugnisse und Rechte zu vermindern. [26]Dennoch sehen wir, daß in der Praxis, jedesmal, wenn die Existenz des Staates ernstlich in Frage gestellt wird, die liberalen Doktrinäre sich als nicht weniger fanatische Anhänger des absoluten Rechtes des Staates, als die jakobinischen und monarchischen Absolutisten, zeigen.

Ihre Verehrung des Staates, ihren liberalen Grundsätzen, scheinbar wenigstens, entgegengesetzt, erklärt sich auf zweierlei Weise: Zuerst praktisch durch das Interesse ihrer Klasse: die ungeheure Mehrheit der liberalen Doktrinäre gehört der Bourgeoisie an. Diese so große und beachtenswerte Klasse wünscht nicht mehr, als das Recht oder vielmehr das Vorrecht der vollkommendsten Anarchie mit sich in Einklang zu bringen; ihre ganze soziale Ökonomie, die tatsächliche Grundlage ihrer politischen Existenz, hat bekanntlich kein anderes Gesetz als diese Anarchie, die in den so berühmt gewordenen Worten: „Laissez faire et laissez passer" ihren Ausdruck findet. Aber sie hebt die Anarchie nur um ihretwillen und nur unter der Bedingung, daß die Massen, „zu unwissend, um daraus Nutzen zu ziehen", der strengsten Staatsdisziplin unterworfen bleiben. Denn wenn die Massen, überdrüssig für andere zu arbeiten, sich empörten, würde die ganze politische und soziale Existenz der Bourgeoisie zusammenbrechen. Deshalb sehen wir auch immer daß, wenn die Arbeiternassen sich erheben, die begeisterten liberalen Bourgeois plötzlich die versessensten Anhänger der Allmacht des Staates werden. Und da die Unruhe der Massen heute ein wachsendes und ständiges Übel wird, sehen wir die liberalen Bourgeois, sogar in den liberalsten Ländern, sich mehr und mehr zur Verehrung der absoluten Macht bekehren.

Neben diesem praktischen Grund gibt es einen andern von ganz theoretischer Natur, der die aufrichtigsten Liberalen gleichfalls immer wieder zur Verehrung des Staates zurückkehren läßt. Sie sind und nennen sich Liberale, weil sie die persönliche Freiheit als Grundlage und Ausgangspunkt ihrer Theorie nehmen, und gerade weil sie diesen Ausgangspunkt oder diese Grundlage haben, müssen sie, infolge einer verhängnisvollen Konsequenz, bei der Anerkennung des absoluten Rechtes des Staates ankommen.

Die persönliche Freiheit ist ihnen keineswegs ein Werk, ein historisches Produkt der Gesellschaft. Sie behaupten, daß sie jeder Gesellschaft vorangeht, daß der Mensch nur außerhalb der Gesellschaft ganz er selbst, ein ganzes und gewissermaßen absolutes Wesen ist. Da er selbst vor und außerhalb der Gesellschaft frei ist, bildet er diese notwendigerweise durch einen Willensakt und durch eine Art Vertrag, sei es instinktiv oder stillschweigend, sei es überlegt oder förmlich. Mit einem Wort: in dieser Theorie sind es nicht die Individuen, die durch die Gesellschaft geschaffen werden, es sind im Gegenteil sie, welche sie schaffen, gedrängt von irgendeiner äußeren Notwendigkeit, wie Arbeit oder Krieg.

Man sieht, daß in dieser Theorie die eigentliche Gesellschaft nicht existiert; die natürliche menschliche Gesellschaft, der tatsächliche Ausgangspunkt jeder menschlichen Kultur, das einzige Milieu, in welchem die Persönlichkeit und die Freiheit wirklich entstehen und sich entwickeln können, ist ihr vollständig unbekannt. Sie anerkennt nur, selbst, und auf der anderen jene vertragsmäßige Gesellschaft, durch jene Individuen willkürlich gebildet und auf einen förmlichen oder stillschweigenden Vertrag, d.h. auf den Staat gegründet. (Sie wissen sehr gut, daß kein historischer Staat jemals einen Vertrag zur Grundlage hatte und daß alle durch Gewalttätigkeit und Eroberung geschaffen wurden. Aber sie bedürfen eben dieser Fiktion vom freien Vertrag, der Grundlage des Staates, und sie bringt sich mit ihr ohne viel Umstände in Übereinstimmung.)

Die menschlichen Individuen, von denen die vertraglich zusammengeschlossenen den Staat bilden, erscheinen in dieser Theorie als ganz seltsame Wesen und voller Widersprüche. Jedes mit einer unsterblichen Seele und einer Freiheit oder einem freien Willen, die ihnen nicht genommen werden können, begabt, sind sie einerseits unendliche, absolute und als solche in sich und durch sich selbst vollkommene Wesen, die sich selbst genügen und niemanden nötig haben, selbst nicht die Strenge Gottes, weil sie, unsterblich und unendlich, selbst Götter sind. Andererseits sind sie sehr tierisch-materielle, schwache, unvollkommene und beschränkte Geschöpfe, ganz und gar abhängig von der äußeren Natur, die sie bestimmt, entwickelt und schließlich, früher oder später, auflöst. Vom ersten Standpunkt aus betrachtet, bedürfen sie so wenig der Gesellschaft, daß ihnen diese vielmehr ein Hindernis für die Vollkommenheit ihres Wesens, für ihre volle Freiheit, ist. Auch haben wir gesehen, wie seit dem Anfang des Christentums, heilige und strenge Männer, welche die Unsterblichkeit ihrer Seelen ernst nahmen, ihre gesellschaftlichen Bindungen zerbrochen und, jeden menschlichen Verkehr fliehend, in der Einsamkeit die Vollkommenheit, die Tugend, Gott gesucht haben. Mit vielem Recht und mit viel logischer Konsequenz haben sie die Gesellschaft als eine Quelle der Verderblichkeit und die vollständige Vereinsamung der Seele als die Voraussetzung aller Tugenden angesehen. Wenn sie ihre Einsamkeit verließen, so geschah das nie aus Bedürfnis, sondern aus Edelmut, aus ausschließlicher Nächstenliebe zu den Menschen, die fortfuhren, sich im Kreise der Gesellschaft zu verderben, die ihres Rates, ihrer Gebete und ihrer Leitung bedurften. Immer geschah das, um die anderen zu retten, nie um sich selbst zu retten und zu vervollkommnen. Im Gegenteil: sie wagten sogar den Verlust ihrer Seele, wenn sie in die Gesellschaft zurückkehrten, welche sie als die Schule aller Verderbnisse mit Entsetzen geflohen hatten, weshalb sie jedesmal, sofort nachdem sie ihr Werk vollendet hatten, in die Wüste zurückkehrten, um sich dort, niemandem gegenüber als Gott allein, durch die unaufhörliche Betrachtung ihres individuellen Wesens, ihrer einsamen Seele von neuem zu vervollkommnen.

Das ist ein Beispiel, welches alle die befolgen sollten, die heute noch an die Unsterblichkeit der Seele, an die angeborene Freiheit oder den freien Willen glauben, sofern sie ihre Seele retten und sie würdig auf das ewige Leben vorbereiten wollen. Ich wiederhole es noch einmal: Die hl. Einsiedler, die durch ihre Isolierung zu einer vollkommenen Schwachheit gelangten, handelten ganz logisch. Von dem Augenblick an, wo die Seele unsterblich, d.h. in ihrem Wesen unendlich, frei durch sich selbst ist, muß sie sich selbst genügen. Nur die vergänglichen, beschränkten und endlichen Wesen können sich gegenseitig vervollkommnen; das Unendliche vervollkommnet sich nicht. Wenn es auf etwas Anderes trifft, das nicht es selbst ist, fühlt es sich im Gegenteil eingeschränkt, wovor es zu fliehen gilt, wo es gilt alles zu ignorieren, was nicht es selbst ist.

Streng genommen, sagte ich, müßte die unsterbliche Seele sogar Gott entbehren können. Ein in sich selbst unendliches Wesen kann kein anderes, ihm ebenbürtiges, anerkennen, noch weniger eines, das über ihm steht. Jedes Wesen, das ebenso unendlich wäre, wie es selbst und das ein anderes wäre, würde ihm eine Grenze setzen und damit aus ihm ein endliches und beschränktes Wesen machen. Wenn die unsterbliche Seele außerhalb ihrer selbst ein ebenso unendliches Wesen, wie sie selbst, anerkennt, anerkennt sie sich als endliches Wesen. Denn das unendliche ist in Wirklichkeit nur das, was alles umfaßt, was nichts außerhalb läßt. Um so mehr kann und darf ein unendliches Wesen eines, das über ihm steht, nicht anerkennen. Das Unendliche läßt kein Relatives, kein Vergleichendes zu; jene Worte von höherer und niederer Unendlichkeit sind also Unsinn. Gott ist sicherlich eine Ungereimtheit. Die Theologie, die das Vorrecht hat, absurd zu sein, und die Dinge glaubt, gerade weil sie albern sind, hat über die unsterblichen und deshalb unendlichen Menschenseelen die höhere, absolute Unendlichkeit Gottes gesetzt. Um sich zu verbessern, hat sie die Fiktion vom Teufel, der gerade die Empörung eines unendlichen Wesens gegen die Existenz einer absoluten Unendlichkeit darstellt, geschaffen. Und ebenso, wie der Teufel sich gegen die höhere Unendlichkeit Gottes empörte, ebenso haben die hl. Einsiedler des Christentums, zu demütig, um sich gegen Gott zu empören, gegen die gleiche Unendlichkeit der Menschen, gegen die Gesellschaft aufgelehnt.

Sie haben mit viel Recht erklärt, daß sie kein Bedürfnis hätten, sich zu retten, und daß ihnen, da sie einmal unendlich waren und durch ein seltsames Verhängnis gefallen seien, die Gesellschaft Gottes, die Betrachtung ihrer selbst in Gegenwart dieser absoluten Unendlichkeit, genüge.

Ich sage es noch einmal: das ist ein Beispiel, dem die folgen müssen, welche noch an die Unsterblichkeit der Seele glauben. Von diesem Standpunkt aus gesehen, kann ihnen die Gesellschaft nichts bieten, als den sicheren Untergang. Was gibt sie denn dem Menschen? Die materiellen Reichtümer vor allem, die nur durch gemeinsame Arbeit in genügender Menge hervorgebracht werden können. Aber müssen diese Reichtümer für den, der an das ewige Dasein glaubt, nicht ein Gegenstand der Verachtung sein? Hat Jesus Christus nicht zu seinen Jüngern gesagt: „Raffet keine Schätze zusammen in dieser Welt, denn da wo eure Schätze sind, da ist euer Herz,“ – und ein anderes Mal: „Ein Kamel wird viel leichter durch ein Nadelöhr gehen, als daß ein Reicher in das himmlische Reich eingehe“ . (Ich denke immer an die Gesichter, welche die frommen und reichen Bourgeois Englands, Amerikas, Deutschlands und der Schweiz machen müssen, wenn sie diese, für sie so entscheidenden und unangenehmen Sätze lesen.)

Jesus Christus hat recht: zwischen der Gier nach materiellen Reichtümern und dem Heile unsterblicher Seelen besteht unbedingte Unvereinbarkeit. Und ist es dann, sofern man wirklich an die Unsterblichkeit der Seele glaubt, nicht besser, auf die Bequemlichkeit und den Luxus, den die Gesellschaft bietet, zu verzichten und von Wurzeln zu leben, wie es die Einsiedler gemacht haben, und dadurch seine Seele für die Ewigkeit zu retten, als sie um den Preis einiger Jahrzehnte materieller Genüsse zu verlieren? Diese Erwägung ist so einfach, so augenscheinlich richtig, daß wir gezwungen sind, zu glauben, die frommen und reichen Bourgeois, Bankiers, Industriellen und Kaufleute, welche mit den bekannten Mitteln so ausgezeichnete Geschäfte machen, und dabei immer die Worte des Evangeliums im Munde führen, rechneten keineswegs mit der Unsterblichkeit der Seele, daß sie dies großmütig dem Proletariat überließen, während sie sich bescheiden die erbärmlichen materiellen Güter, die sie auf dieser Erde sammeln, vorbehalten.

Was gibt die Gesellschaft außer den materiellen Gütern noch? Sinnliche, menschliche, irdische Leiden, Zivilisation und Kultur des Geistes, alles Dinge, welche vom menschlichen, vergänglichen und irdischen Standpunkt aus unermeßliche sind, die aber vor der Ewigkeit, vor der Unsterblichkeit, vor Gott gleich Null sind. Ist nicht die größte menschliche Weisheit vor Gott Torheit? Eine Legende der orientalischen Kirche erzählt, daß zwei hl. Einsiedler sich freiwillig einige Jahrzehnte lang auf eine wüste Insel zurückgezogen hätten, daß sogar der eine vom andern sich trennte, daß sie Tag und Nacht im Gebete und in Betrachtung verharrten, daß sie schließlich den Gebrauch der Sprache verloren; von ihrem ursprünglichen Wortschatz hatten sie nur drei oder vier Worte bewahrt, die in ihrer Gesamtheit keinen Sinn ergaben, welche aber vor Gott das erhabenste Trachten ihrer Seelen ausdrückten. Sie lebten natürlich von Wurzeln, wie die kräuterfressenden Tiere. Vom menschlichen Gesichtspunkt aus waren diese Männer Dummköpfe oder Narren, aber vorn göttlichen, von dem Glauben an die Unsterblichkeit der Seele aus, haben sie sich als weit tiefere Denker gezeigt als Galilei oder Newton. Denn sie haben einige Jahrzehnte irdischen Glücks und weltlichen Geistes geopfert, um eine ewige Seeligkeit und den göttlichen Geist zu gewinnen.

Es ist also klar, daß, sobald der Mensch mit einer unsterblichen Seele, mit einer Unendlichkeit und einer dieser Seele fest verbundenen Freiheit begabt ist, er ein ausgesprochen antisoziales Wesen ist. Wenn er immer klug gewesen wäre, wenn er sich ausschließlich mit der Ewigkeit beschäftigt hätte, hätte er die Kraft gehabt, alle Güter, alle Leiden und Eitelkeiten dieser Welt zu verachten, wäre er nie herausgetreten aus jenem Zustande göttlicher Unwissenheit und Schwachheit und hätte nie eine Gesellschaft gebildet. Mit einem Wort: Adam und Eva hätten nie die Frucht vom Baume der Erkenntnis gegessen und wir alle hätten wie Tiere in jenem irdischen Paradies, das Gott ihnen als Aufenthaltsort anwies, gelebt. Aber von dem Augenblick an, wo die Menschen erkennen, sich bilden, zu Menschen werden, denken, sprechen und die materiellen Güter genießen wollen, haben sie notwendigerweise ihre Einsamkeit verlassen und sich in einer Gesellschaft vereinigen müssen. Denn je mehr sie innerlich unendlich, unsterblich und frei sind, desto mehr sind sie äußerlich beschränkt, sterblich, schwach und von der äußeren Welt abhängig.

Vom Gesichtspunkt ihrer irdischen Existenz aus betrachtet, nicht ihrer eingebildeten, sondern ihrer tatsächlichen, bietet die Masse der Menschen einen derart entwürdigenden Anbick, so bar jeder Initiative, so bar des Willens und des Geistes, daß schon viel dazugehört, um sich der Täuschung hinzugeben, man könne unter ihnen eine unsterbliche Seele und auch nur den Schatten eines irgendwie freien Willens finden. Sie erscheinen uns als durchaus vom Schicksal bestimmte Wesen: bestimmt vor allem durch die äußere Natur, durch die Gestaltung des Bodens und all die materiellen Voraussetzungen des Daseins; bestimmt durch die unzähligen politischen, religiösen und sozialen Beziehungen, durch Sitten, Gebräuche, Gesetze, durch die ganze Welt von langsam von den vergangenen Jahrhunderten ausgebildeten Gedanken und Vorurteilen, die sie bei ihrer Geburt in der Gesellschaft vorfinden, die sie niemals geschaffen haben; vielmehr sind sie zunächst ihre Geschöpfe und später ihre Werkzeuge. Unter tausend Menschen wird man kaum einen finden, von dem man – nicht absolut, sondern nur relativ – sagen kann, daß er von sich selbst aus wolle und denke. Die ungeheure Mehrheit aller Menschen, nicht nur der unwissenden Massen, sondern ebensogut der höheren und bevorrechteten Klassen, will und denkt nur das, was jedermann um sie herum auch denkt und will; zweifellos glauben sie, daß sie selbständig wollen und denken, aber sie geben nur knechtisch, mechanisch, gewohnheitsmäßig mit ganz und gar unmerklichen und wertlosen Abänderungen die Gedanken und das Wollen der Anderen wieder. Dieses Knechtische, dieses Gewohnheitsmäßige, diese unversiegbaren Quellen der Banalität und des Gemeinplatzes, dieses Fehlen einer Empörung des Willens und dieses Fehlen von einer Initiative in dem Denken der Menschen, sind die Hauptursache der traurigen Langsamkeit der geschichtlichen Entwicklung der Menschheit. Uns Materialisten oder Realisten, die wir weder an eine unsterbliche Seele, noch an einen freien Willen glauben, erscheint diese Langsam- keit, so betrübend sie sein mag, als eine natürliche Sache. Von der Stufe des Affen ausgegangen, kommt der Mensch nur sehr schwer zum Bewußtsein seines Menschentums und zur Verwirklichung seiner Freiheit. Zunächst kann er weder dieses Bewußtsein, noch diese Freiheit haben; er kommt in die Welt als wildes Tier und als Sklave, und nur im Schoße der Gesellschaft, die notwendig vor der Entstehung seines Denkens, seiner Sprache und seines Willens da ist, wird er fortschreitend Mensch und frei; er kann das nur tun durch die gemeinsamen Anstrengungen aller ehemaligen und gegenwärtigen Glieder dieser Gesellschaft, die demnach eine natürliche Grundlage und der Ausganspunkt seines menschlichen Daseins ist. Daraus geht hervor, daß der Mensch seine individuelle Freiheit oder seine Persönlichkeit nur dadurch verwirklicht, daß er sich mit allen Individuen, welche ihn umgeben, vervollständigt, daß er dies nur kann durch die gemeinsame Kraft und Arbeit der Gesellschaft, weit entfernt davon, die

Freiheit zu verringern und zu beschränken, die Freiheit der menschlichen Individuen. Sie ist die Wurzel, der Baum, die Freiheit, ihre Frucht. Deshalb hat der Mensch zu jeder Zeit seine Freiheit nicht im Anfang, sondern am Ende der Geschichte zu suchen, und man kann sagen, daß die tatsächliche und vollständige Befreiung jedes Menschen das große Ziel, das erhabene Ende der Geschichte ist.

Alles andere ist die Ansicht der Idealisten. In ihrem System zeigt sich der Mensch zuerst als unsterbliches, freies Wesen, um als Sklave zu enden. Als unsterblicher und freier Geist, unendlich und vollkommen in sich selbst, bedarf er keiner Gesellschaft, woraus hervorgeht, daß, wenn er eine Gesellschaft bildet, dies nur geschehen kann durch eine Art Verlust oder weil er das Bewußtsein seiner Unsterblichkeit und seiner Freiheit verliert. Als widerspruchsvolles Wesen, innerlich als Geist, aber äußerlich abhiingig, unvollkommen und materiell, ist er gezwungen sich mit anderen Menschen zu vereinigen, nicht seiner seelischen Bedürfnisse wegen, sondern zur Erhaltung seines Körpers. Die Gesellschaft bildet sich also nur durch eine Art Opfer von Interessen und Unabhängigkeit der Seele an die verächtlichen Bedürfnisse des Leibes. Das ist ein wirklicher Verlust, eine wirkliche Knechtung des innerlich unsterblichen und freien Individuums, ein wenigstens teilweiser Verzicht auf seine ursprüngliche Freiheit.

Man kennt die sakramentale Phrase, die in der Sprache der Anhänger des Staates und des Rechtes, diesen Verlust und dieses Opfer, diesen ersten unheilvollen Schritt zu menschlichen Knechtschaft, ausdrückt. Das Individuum, welches im Naturzustande, d.h. bevor es Mitglied irgendeiner Gesellschaft wurde, sich einer vollständigen Freiheit erfreute, bringt beim Eintritt in diese das Opfer eines Teils seiner Freiheit, damit ihm die Gesellschaft für den Rest garantiere. Wer eine Erklärung dieser Phrase fordert, dem antwortet man gewöhnlich mit einer anderen: „Die Freiheit jedes menschlichen Individuums darf keine anderen Grenzen haben, als die aller anderen Individuen."

Anscheinend nichts richtiger als das? Und trotzdem enthält diese Theorie im Keim die ganze Theorie des Despotismus. Gemäß den Grundideen der Idealisten aller Schulen und im Gegensatz zu allen wirklichen Tatsachen, erscheint das menschliche Individuum als ein unbedingt freies Wesen so lange – und nur so lange -, als es außerhalb der Gesellschaft bleibt, woraus hervorgeht, daß diese letztere, betrachtet und aufgefaßt einzig als rechtliche und politische Gesellschaft, d.h. als Staat, die Verneinung der Freiheit ist. Das ist das Ergebnis des Idealismus; es ist, wie man sieht, den Folgerungen des Materialismus direkt entgegengesetzt, der entsprechend dem, was in der tatsächlichen Welt vorgeht, die individuelle Freiheit des Menschen in der Gesellschaft, als eine notwendige Konsequenz der Gesamtentwicklung der Menschheit, entstehen läßt.

Die materialistische, realistische und kollektivistische Erklärung der Frei- heit, welche derjenigen der Idealisten ganz entgegengesetzt ist, ist folgende: Nur in der Gesellschaft und nur durch die gemeinsame Tätigkeit der ganzen Gesellschaft wird der Mensch Mensch, kommt er zum Bewußtsein sowohl als auch zur Verwirklichung seines Menschentums; nur durch die gemeinsame und soziale Arbeit, welche allein imstande ist, die Oberfläche der Erde in einen der Entwicklung der Menschheit günstigen Aufenthaltsort umzuwandeln, befreit er sich vom Joch der äußeren Natur; ohne diese materielle Befreiung kann es für niemanden eine geistige und moralische geben. Nur durch die Erziehung und die Bildung kann er sich vom Joche freimachen, nur durch sie kann er die Triebe und Regungen seines eigenen Körpers seinem mehr und mehr entwickelten Geiste unterwerfen; sowohl die eine als auch die andere sind im höchsten Grade ausschließlich soziale Angelegenheiten; außerhalb der Gesellschaft wäre der Mensch eben ewig ein wildes Tier oder ein Heiliger, was auf dasselbe hinausläuft. Endlich kann der isolierte Mensch kein Bewußtsein seiner Freiheit haben. Für den Menschen bedeutet frei sein, von einem anderen Menschen, von allen ihn umgebenden Menschen als frei anerkannt, betrachtet und behandelt zu werden. Die Freiheit ist also keineswegs Sache der Isolierung, sondern der gegenseitigen Anerkennung, keine Sache der Abgeschlossenheit, sondern im Gegenteil der Vereinigung; die Freiheit jedes Menschen ist nicht anderes als die Spiegelung seines Menschentums oder seiner Menschenrechte im Bewußtsein aller freien Menschen, seiner Brüder, seiner Genossen.

Nur in Gesellschaft anderer Menschen kann ich mich als frei ansehen und fühlen. Einem Tier niederer Gattung gegenüber bin ich weder frei, noch – Mensch, weil dieses Tier unfähig ist, mein Menschentum zu begreifen und deshalb auch anzuerkennen. Nur solange ich die Freiheit und das Menschentum aller Menschen, die mich umgeben, anerkenne, bin ich selbst Mensch und frei. Nur wenn ich ihren menschlichen Charakter anerkenne, anerkenne ich auch meinen. Ein Menschenfresser, der seinen Gefangenen verspeist, ihn als wildes Tier behandelt, ist kein Mensch, sondern ein Tier. Ein Sklavenhalter ist kein Mensch, sondern ein Herr. Weil er das Menschentum, seiner Sklaven nicht kennt, kennt er sein eigenes nicht. Die ganze antike Gesellschaft liefert uns dafür einen Beweis: die Griechen, die Römer fühlten sich nicht frei als Menschen, sie betrachteten sich nicht durch die Menschenrechte als solche; sie hielten sich unter dem besonderen Schutz ihrer nationalen Götter für Priviligierte, für Griechen und Römer nur im Schoße ihres eigenen Vaterlandes, solange es unabhängig, ununterworfen und im Gegenteil andere Länder erobernd blieb; sie verwunderten sich keineswegs, noch glaubten sie das Recht und die Pflicht zu haben, sich zu empören, wenn sie, besiegt, selbst in die Sklaverei gerieten.

Es ist das große Verdienst des Christentums, das Menschentum aller – menschlichen Wesen, die Frauen inbegriffen, die Gleichheit aller Menschen vor Gott, verkündet zu haben. Aber wie hat es dies verkündet? Für den Himmel, für das zukünftige Leben, nicht für das gegenwärtige und wirkliche Leben, nicht für die Erde. Außerdem ist diese zukünftige Freiheit noch eine Lüge, denn die Zahl der Auserwählten ist bekanntlich außerordentlich beschränkt. Über diesen Punkt sind die Theologen der verschiedenen christlichen Sekten einig. Somit läuft die sogenannte christliche Gleichheit hinaus auf die schreiendste Bevorrechtung einiger tausender durch die göttliche Gnade Auserwählter gegenüber Millionen von Verdammten. Dann würde diese Gleichheit aller vor Gott, selbst wenn sie sich für jeden verwirklichen sollte, nichts anderes sein, als die gleiche und nichtige Sklaverei aller vor einem erhabenen Herrn. Ist nicht das Fundament des christlichen Kults und die erste Voraussetzung des Heils, der Verzicht auf Menschenwürde, und die Verachtung dieser Würde angesichts der göttlichen Größe? Ein Christ ist also kein Mensch, in dem Sinne, daß er kein Bewußtsein seines Menschentums hat, und weil er, da er seine Menschenwürde nicht achtet, die Menschenwürde der anderen nicht achten kann; und weil er die anderen nicht achtet, kann er seine eigene nicht achten. Ein Christ kann ein Prophet sein, ein Heiliger, ein Priester, ein König, ein Feldherr, ein Minister, ein Beamter, ein Vertreter irgendeiner Autorität, ein Gendarm, ein Henker, ein Adeliger, ein ausbeutender Bourgeois oder ein knechtischer Proletarier, ein Bedrücker oder ein Bedrückter, ein Folterer oder ein Gefolterter, ein Herr oder ein Söldling, er hat aber nicht das Recht, sich Mensch zu heißen, weil der Mensch nur dann wahrhaft Mensch wird, wenn er das Menschentum und die Freiheit alle achtet und liebt, und wenn sein Menschentum und seine Freiheit von allen geliebt, geweckt und geschaffen wird.

Nur dann bin ich wahrhaft frei, wenn alle Menschen, die mich umgeben, Männer und Frauen, ebenso frei sind wie ich. Die Freiheit der anderen, weit entfernt davon, eine Beschränkung oder eine Verneinung meiner Freiheit zu sein, ist im Gegenteil ihre notwendige Voraussetzung und Bejahung. Nur durch die Freiheit anderer werde ich wahrhaft frei, derart, daß, je zahlreicher die freien Menschen sind, die mich umgeben und je tiefer und größer ihre Freiheit ist, desto weiter, tiefer und größer auch die meine wird. Es ist im Gegenteil die Sklaverei der Menschen, die meiner Freiheit eine Schranke setzt oder, was dasselbe ist, ihre Bestialität ist eine Verneinung meines Menschentums, weil, um es noch einmal zu sagen, ich nur dann frei sein kann, wenn meine Freiheit, oder, was das gleiche heißen will, wenn meine Menschenwürde, mein Menschenrecht, das darin besteht, daß ich keinem anderen Menschen gehorche und meine Handlungen nur durch meine eigenen Überzeugungen bestimmen lasse, wiedergespiegelt in dem gleichmäßig freien Bewußtsein aller, mir durch allgemeine Anerkennung bestätigt wird. Meine, auf diese Weise, durch die Freiheit aller bestätigte persönliche Freiheit erstreckt sich ins Unendliche.

Man sieht, daß die Freiheit, so wie sie von den Materialisten aufgefasst wird, eine sehr positive, sehr vollständige und vor allem äußert soziale Sache ist, weil sie nur in der Gesellschaft und nur in der strengsten Gleichheit und Solidarität aller verwirklicht werden kann. Man kann bei ihr drei Entwicklungsmomente, drei Elemente unterscheiden, von denen das erste in höchstem Grade positiv und sozial ist; es ist die volle Entwicklung und der volle Genuß aller menschlichen Fähigkeiten und Kräfte eines jeden durch die Erziehung, durch wissenschaftliche Belehrung und materielles Glück, alles Dinge, die dem Einzelnen nur durch die gemeinsame materielle und geistige, Muskel- und Nervenarbeit der ganzen Gesellschaft gegeben werden kann.

Das zweite Element der Freiheit ist negativ. Es ist die Empörung des – menschlichen Individuums gegen jede göttliche und menschliche, gegen jede kollektive und individuelle Autorität.

Zunächst ist das die Empörung gegen die Tyrannei des obersten Phantoms der Theologie, gegen Gott. Es ist klar, daß, solange wir im Himmel einen Herrn haben, wir auf der Erde Sklaven sind. Solange wir glauben, ihm absoluten Gehorsam schuldig zu sein (und einem Gott gegenüber gibt es keinen anderen Gehorsam), müßten wir uns notwendig der Autorität seiner Mittler und Auserwählten ohne Widerstand und ohne die geringste Kritik unterwerfen, als da sind: Messien, Propheten, von Gott erleuchtete Gesetzgeber, Kaiser, Könige und alle ihre Beamten und Minister, geweihte Vertreter und Diener zweier großer Institutionen, die sich uns darstellen als von Gott selbst zur Leitung der Menschen eingesetzt: der Kirche und des Staates. Jede irdische oder menschliche Autorität rührt unmittelbar von einer geistlichen oder göttlichen her. Die Autorität ist aber die Verneinung der Freiheit. Gott, oder mehr die Fiktion Gott, ist also die Heiligung und die geistige und moralische Ursache aller Sklaverei auf Erden, und die Freiheit der Menschen wird erst dann vollkommen sein, wenn sie die unheilvolle Fiktion von einem himmlischen Herrn ganz und gar vernichtet haben wird.

Weiter ist es demzufolge die Empörung eine jeden gegen die Tyrannei der Menschen, gegen die, sei es individuelle oder soziale Autorität, die der Staat darstellt und durch Gesetze ausübt. Hier gilt es aber aufzumerken, und deshalb ist es nötig, eine ganz genaue Unterscheidung zwischen der offiziellen und deshalb tyrannischen Autorität und der im Staate organisierten Gesellschaft, und dem natürlichen Einfluß und der natürlichen Wirkung der nicht offiziellen, sondern natürlichen Gesellschaft auf jedes ihrer Glieder zu machen.

Die Empörung gegen diesen natürlichen Einfluß der Gesellschaft ist für den Einzelnen viel schwieriger als die Empörung gegen die offiziell organisierte Gesellschaft, gegen den Staat, obgleich sie oft ebenso unvermeidlich sein wird wie die gegen die letztere. Die oft erdrückende und verhängnisvolle soziale Tyrannei zeigt nicht jenen Charakter gebieterischer Willkür, eines gesetzlichen und formellen Despotismus, der die Autorität des Staates auszeichnet. Sie legt sich nur auf wie ein Gesetz, dem jedes Individuum gezwungen ist, sich zu unerwerfen, will es einer gerichtlichen Strafe entgehen. Ihre Wirkung ist sanfter, einnehmender, viel unmerklicher, aber um ebensoviel mächtiger als die der Autorität des Staates. Sie beherrscht die Menschen durch die Sitten und Gebräuche, durch die Menge der Ansichten, Vorurteile und Gewohnheiten, sowohl des materiellen Lebens, als auch des Geistes und des Herzens, die in ihrer Gesamtheit das ausmachen, was wir die öffentliche Meinung nennen. Sie umringt den Menschen von seiner Geburt an, sie durchdringt und erfüllt ihn und bildet sogar die Grundlage seines eigenen, persönlichen Daseins, derart, daß jeder gewissermaßen sich selbst gegenüber verantwortlich ist, meist ohne es zu ahnen. Daraus geht hervor, daß der Mensch, um sich gegen den Einfluß, den die Gesellschaft natürlicherweise auf ihn ausübt, zu empören, zum Teil wenigstens gegen sich selbst revoltieren muß, denn mit allen seinen materiellen, geistigen und moralischen Strebungen und Neigungen ist er nichts als ein Produkt der Gesellschaft. Daher jene ungeheure Macht, welche die Gesellschaft auf die Menschen ausübt.

Vom Gesichtspunkt der unbedingten Moral aus, d.h. von dem der menschlichen Achtung, werde ich sofort sagen, was ich unter diesem Wort verstehe; diese Macht der Gesellschaft kann wohltätig, sie kann aber auch verderblich sein. Sie ist wohltätig, wenn sie auf die Entwicklung der Wissenschaft, des materiellen Wohlstandes, der Freiheit, der Gleichheit und der brüderlichen Solidarität gerichtet ist; sie ist verderblich, wenn sie die entgegengesetzten Tendenzen hat. Ein Mensch, der in einer Gesellschaft von Rohlingen geboren wird, bleibt mit sehr wenigen Ausnahmen ein Rohling; wenn er in einer von Priestern regierten Gesellschaft geboren wird,

wird er ein Idiot, ein Scheinheiliger; in einer Räuberbande geboren, wird er wahrscheinlich ein Räuber; in der Bourgeoisie geboren, wird er ein Ausbeuter der Arbeit anderer sein; und wenn er das Unglück hat, geboren zu werden in der Gesellschaft der Halbgötter, welche diese Erde beherrschen, der Adeligen, Fürsten, Könige, wird er je nach dem Grade seiner Fähigkeiten, seiner Mittel und seiner Macht ein Verächter, ein Knechter des Menschentums, ein Tyrann sein. In all diesen Fällen wird das Individuum, um zu seinem Menschentum zu gelangen, sich unweigerlich gegen die Gesellschaft, die es entstehen sah, empören müssen.

Aber ich wiederhole es, die Empörung des Individuums gegen die Gesellschaft ist eine weit schwierigere Sache, als die gegen den Staat. Der Staat ist eine geschichtliche, vorübergehende Einrichtung, eine verschwindende Form der Gesellschaft, wie die Kirche, deren jüngerer Bruder er ist, aber er hat keineswegs den schicksalsbestimmten und unwandelbaren Charakter der Gesellschaft, die jeder Entwicklung des Menschentunis vorangeht, und die, vollkommen die Allmacht der natürlichen Gesetze, Wirkungen und Erscheinungen teilend, die Grundlage jeder menschlichen Existenz bildet. Der Mensch entsteht in der Gesellschaft, mindestens von dem Augenblick an, wo er den ersten Schritt zum Menschentum tat, wo er angefangen hat, ein menschliches, d.h. ein sprechendes und mehr oder weniger denkendes Wesen zu sein, wie die Ameise in ihrem Ameisenhaufen und die Biene in ihrem Bienenstock ensteht; er wählt sie nicht, er ist im Gegenteil ihr Produkt, er ist ebenso schicksalsbestimmt den natürlichen Gesetzen, welche seine notwendige Entwicklung leiten, unterworfen, wie er allen anderen natürlichen Gesetzen gehorcht. Die Gesellschaft ist vor jeden Individuum da und überlebt es zugleich, wie die Natur; sie ist ewig wie die Natur, oder vielmehr: entstanden auf der Erde, wird sie ebensolange dauern, als unsere Erde besteht. Eine radikale Empörung gegen die Gesellschaft wäre für den Menschen demnach ebenso unmöglich, wie ein Auflehnen gegen die Natur, da ja die menschliche Gesellschaft nichts anderes ist, als die letzte große Offenbarung oder Schöpfung der Natur auf diese Erde; und ein Individuum, das die Gesellschaft, d.h. die Natur im allgemeinen und seine eigene im besonderen, in Frage stellen wollte, würde sich dadurch außerhalb aller Voraussetzungen einer wirklichen Existenz stellen, würde sich stürzen in das Nichts, in die unbedingte Leere, in die totale Abstraktion, in Gott. Man kann deshalb auch nicht fragen, ob die Natur, das allumfassende, materielle, wirkliche, einzige, erhabene und unbedingte Wesen, ein Glück oder Ubel sei; sie ist mehr als das: sie ist eine ungeheuer positive und unnahbare Tatsache, jedem Bewußtsein, jeder Idee, jeder geistigen und moralischen Wertung vorausgehend, sie ist die Grundlage, die Welt, in welcher, durch das Schicksal bestimmt, später sich das entwickelt, was wir das Glück und das Übel nennen.

Mit dem Staate ist es nicht so; ich zögere nicht, zu sagen, daß der Staat das Übel ist, aber ein geschichtlich notwendiges, ebenso notwendig in der Vergangenheit wie es früher oder später seine vollständige Vernichtung sein wird, ebenso notwendig, wie die anfänglich tierische Natur und die theologischen Verirrungen des Menschen. Der Staat ist aber keineswegs die Gesellschaft, er ist nur eine ebenso brutale wie abstrakte, historische Form der Gesellschaft. Er entsteht in allen Ländern aus der Ehe der Willkür, der Räuberei und der Plünderung, aus dem Krieg und der Eroberung, kurz gesagt, mit den von der theologischen Phantasie der Völker nacheinander geschaffenen Göttern. Er war zu seinem Beginn und bleibt es heute noch: die göttliche Weihe der brutalen Gewalt und der triumphierenden Harte. Selbst in den am meisten demokratischen Ländern, wie in den Vereinigten Staaten von Nordamerika und der Schweiz, ist er die regelmäßige Form des Vorrechts irgendeiner Minderheit und der tatsächlichen Knechtung der großen Mehrheit.

Die Empörung gegen den Staat ist viel leichter, weil in der Natur des Staates etwas zur Rebellion Aufreizendes liegt. Der Staat ist die Autorität, die Macht, das Prahlen und die Verdummung mit der Gewalt. Nicht sanft setzt er sich fest, er sucht nicht zu überzeugen: wenn er sich einmischt, tut er dies sehr ungern, denn seine Natur besteht nicht darin, zu überzeugen, sondern darin, Eindruck zu machen, zu erzwingen, soviel Mühe er sich auch geben mag, seine Natur als Verletzer des Willens der Menschen, als beständige Verneinung ihrer Freiheit, zu maskieren. Selbst wenn er das Gute befiehlt, verdirbt und beschmutzt er es, gerade weil er es befiehlt, weil jeder Befehl die gerechte Empörung der Freiheit herausfordert, weil das Gute, wenn es befohlen wird, vom Standpunkt der wahren Moral, der menschlichen Moral aus, nicht von dem der göttlichen, vom Gesichtspunkt der menschlichen Achtung und Freiheit aus, das Übel wird. Die Freiheit, die Sittlichkeit und Würde des Menschen besteht gerade darin, daß er das Gute tut, nicht weil es ihm befohlen wird, sondern weil er es begreift, weil er es will und liebt.

Die Gesellschaft drängt sich nicht formell, offiziell oder autoritär auf, sie tut es auf natürlichem Wege, deshalb ist auch ihre Wirkung auf das Individuum ungleich mächtiger als die des Staates. Sie schafft und formt alle Individuen, welche in ihrem Schoße entstehen und sich entwickeln. Langsam, vom ersten Tage ihres Seins bis zu ihrem Todestage, läßt sie ihre eigene materielle, geistige und moralische Natur durch sie hindurchgehen; sie individualisiert sich gewissermaßen in jedem von ihnen.

Das wirkliche menschliche Individuum ist so wenig ein universelles und abstraktes Wesen, daß jedes, von dem Augenblick an, wo es sich im Schoße seiner Mutter bildet, bestimmt und umschränkt ist durch eine Menge von Ursachen und Wirkungen materieller, geographischer, klimatischer, ethnographischer, hygienischer und deshalb ökonomischer Natur, welche eigentlich die ausschließlich seiner Familie, seiner Klasse und seiner Rasse eigentümliche materielle Natur ausmachen, und ebenso wie die Neigungen und Fähigkeiten der Menschen von der Gesamtheit aller jener äußeren oder physischen Einflüsse abhängen, ebenso kommt jeder in die Welt mit einer persönlichen Natur oder einem persönlichem Charakter, der durchaus materiell bestimmt ist. Außerdem bringt der Mensch, dank der relativ hohen Organisation seines Hirns, bei der Geburt, mit verschiedenen Graden allerdings, nicht angeborene Ideen und Gefühle, wie die Idealisten behaupten, sondern die zugleich materielle und formelle Fähigkeit mit, zu fühlen, zu denken, zu sprechen und zu wollen. Er bringt nur die Fähigkeit, Ideen zu formen und zu entwickeln, und wie ich eben sagte, eine Kraft ganz formeller Aktivität, ohne jeden Inhalt finit sich. Wer gibt ihm seinen ersten Inhalt? Die Gesellschaft.

Es ist hier nicht der Ort, zu untersuchen, wie die ersten Begriffe und Ideen sich gebildet haben, deren Mehrzahl in den primitiven Gesellschaften natürlich sehr ungereimt waren. Alles, was wir mit voller Gewißheit sagen können, ist, daß sie vor allem nicht vereinzelt und freiwillig durch den auf geheimnisvolle Weise erleuchteten Geist gottbegnadeter Individuen geschaffen wurden, sondern durch die gemeinsame Arbeit, sehr oft allen Individuen, die Teile dieser Gesellschaft waren, unbewußt, deren hervorragendste Vertreter, die Männer von Genie, nur die treueste und glücklichste Ausprägung dessen haben geben können. Alle Genies waren immer wie Voltaire: „Sie nahmen ihr Gut überall da, wo sie es fanden.“ Es ist also die gemeinsame geistige Arbeit der Gesellschaft, welche die ersten Ideen geschaffen hat. Diese Ideen waren zuerst nichts als einfache und natürliche, sehr unvollkommene Feststellungen natürlicher und sozialer Tatsachen und alles weniger als verständnisvoll aus diesen Tatsachen gezogene Schlüsse. Das war der Anfang aller menschlichen Vorstellungen, Einfälle und Gedanken. Der Inhalt dieser Gedanken, weit entfernt davon, durch freiwillige Tätigkeit des Menschengeistes geschaffen worden zu sein, wurde ihm zuerst durch die wirkliche, äußere und innere Welt gegeben. Der Geist des Menschen, d.h. die ganz und gar organische und deshalb materielle Arbeit oder Tätigkeit seines Hirns, hervorgerufen durch äußere und innere Eindrücke, die seine Nerven passieren, fügt dazu nur eine ganz formale Tätigkeit, die darin besteht, diese Eindrücke von Dingen und Tatsachen zu vergleichen und in richtigen und falschen Systemen zusammenzufassen. Auf diese Art entstanden die ersten Ideen. Durch die Sprache gewannen diese Ideen oder vielmehr diese Einfälle an Genauigkeit und setzten sich fest, indem sie von einem Individuum auf das andere übergingen; so daß die individuellen Einfälle eines jeden zusammenstießen, sich gegenseitig kontrollierten, bestimmten und abänderten, um schließlich mehr oder weniger zu einem einzigen System zu verschmelzen und endlich das gemeinsame Bewußtsein, das gemeinsame Denken der Gesellschaft zu bilden. Diese von der Tradition von einer Generation auf die andere übertragenen Gedanken entwickelten sich immer mehr und mehr durch die Verstandesarbeit von Jahrhunderten, und bildeten das geistige und moralische Erbgut einer Gesellschaft, einer Klasse, eines Volkes.

Jede Generation findet an ihrer Wiege eine ganze Welt von Ideen, Einfällen und Empfindungen, welche sie als das Erbe von vergangenen Jahrhunderten empfängt. Diese Welt stellt sich dem neugeborenen Menschen zuerst nicht in ihrer idealen Form, als System der Vorstellungen und Ideen, als Religion, als Lehre dar; das Kind wäre weder fähig, es aufzunehmen, noch in dieser Form zu begreifen; aber es stellt sich ihm als eine leibhaftige und wirkliche Welt, in den Personen als auch in den Dingen, welche es umgeben, die zu seinen Sinnen durch alles, was es hört und sieht, vom ersten Tage seiner Geburt an, spricht. Denn die Ideen und Vorstellungen, welche zuerst nur die Produkte der wirklichen, natürlichen und sozialen Tatsachen waren, in dem Sinne, daß sie die Spiegelung, das Zurückwerfen im menschlichen Gehirn waren und die sozusagen ideale Wiedergabe dieser Tatsachen durch jenes absolut materielle Organ des menschlichen Gehirns, erwarben später, nachdem sie sich, wie ich eben beschrieben habe, festgesetzt hatten, in dem Bewußtsein, irgendeiner Gesellschaft die Macht ihrerseits wieder Ursachen neuer, nicht eigentlich natürlicher, sondern sozialer Tatsachen zu werden. Schließlich formen sie, sehr langsam allerdings, das menschliche Dasein, die Gewohnheiten und Einrichtungen, kurz alle Beziehungen der Menschen in der Gesellschaft um; durch ihre Ausprägung in alltäglichsten Dingen des Lebens eines jeden, werden sie für alle fühlbar und greifbar, sogar für die Kinder. Auf diese Weise durchdringen sie jede neue Generation von ihrer zartesten Kindheit, bis sie zum Mannesalter heranreift, wo eigentlich die Arbeit ihres eigenen Denkens anhebt, notwendig begleitet von neuer Kritik, und in sich selbst wie in der Gesellschaft, die sie umgibt, findet sie eine ganze Welt festgelegter Gedanken und Vorstellungen, welche ihr als Ausgangspunkt dienen und ihr gewissermaßen den ersten Stoff für ihre eigene Geistige und moralische Arbeit liefern. Dieser Art sind die überlieferten und allgemeinen Vorstellungen, welche die Metaphysiker fälschlicherweise angeborene Ideen nennen, weil sie getäuscht werden durch die ganz und gar unempfindliche und unmerkbare Art, mit der diese Ideen, von außen kommend, in das Bewußtsein der Kinder eindringen und sich einprägen, bevor sie zum Bewußtsein ihrer selbst gekommen sind.

Das sind die allgemeinen oder abstrakten Ideen über die Gottheit und die Seele, vollständig alberne Ideen, die aber unvermeidlich und schicksalsbestimmt in der historischen Entwicklung des menschlichen Geistes sind, welcher nur sehr langsam im Laufe vieler Jahrhunderte zur verstandesmäßigen und kritischen Erkenntnis seiner selbst gelangen kann, der immer vom Dummen ausgeht, um zur Wahrheit zu gelangen, von der Sklaverei, um die Freiheit zu erobern; gegen die, von der allgemeinen Unwissenheit und der Dummheit der Jahrhunderte, wie von dem wohlverstandenen Interesse der bevorrechteten Klassen sanktionierten Ideen, kann man selbst heute sich nicht offen und verständlich aussprechen, ohne einen beträchtlichen Teil der Volksmassen zu revolutionieren und ohne Gefahr zu laufen, von bourgeoiser Scheinheiligkeit geschmäht zu werden. Neben diesen ganz abstrakten Ideen und immer in sehr enger Verbindung mit ihnen, findet die Jugend in der Gesellschaft und, infolge des allmächtigen auf ihre Kindheit ausgeübten Einflusses, in sich selbst eine Menge anderer und viel bestimmterer Ideen und Vorstellungen, die das wirkliche Leben, ihr Alltagsleben, in höchstem Maße angehen. Da sind die Vorstellungen über die Natur, über den Menschen, über die Gerechtigkeit, über die Rechte und Pflichten der Individuen und Klassen, über die sozialen Erfordernisse, über die Familie, das Eigentum, den Staat und viele andere noch, welche die gegenseitigen Beziehungen der Menschen regeln. All diese Ideen, die sie schon zu Beginn ihres Lebens in den Dingen und Menschen verwirklicht sieht, die sich ihrem eigenen Geist durch Erziehung und Unterweisung, welche sie erhält, einprägen, bevor sie zum Bewußtsein ihrer selbst gelangt ist, findet sie später geweiht, erklärt, ausgelegt von den Theologen, welche das allgemeine Bewußtsein oder das gemeinsame Vorurteil ausdrücken und von all den religiösen, politischen und ökonomischen Einrichtungen der Gesellschaft, deren Teil sie ist. Sie ist derart durchtränkt davon, daß sie, ob persönlich interessiert daran, sie zu verteidigen, oder nicht, unfreiwillig durch all ihre materiellen, geistigen und moralischen Gewohnheiten an ihr teilhat.

Nicht über die allmähliche Wirkung, welche diese Ideen, die das kollektive Bewußtsein der Gesellschaft ausdrücken, auf die Masse der Menschen ausüben, muß man sich wundern, sondern im Gegenteil darüber, daß in dieser Masse sich Menschen finden, die den Gedanken, den Willen und den Mut haben, sie zu bekämpfen; denn der Druck der Gesellschaft auf das Individuum ist ein ungeheurer und es gibt keinen noch so starken Charakter, keine noch so mächtige Intelligenz, die sagen könnte, sie sei gesichert vor dem ebenso despotischen wie unwiderstehlichen Einfluß der Gesellschaft.

Nichts beweist den sozialen Charakter des Menschen mehr als dieser Einfluß. Man kann sagen, daß das kollektive Bewußtsein irgendeiner Gesellschaft, ebenso verwirklicht in den großen, öffentlichen Einrichtungen, wie in allen Einzelheiten des Privatlebens und allen ihren Theorien als Grundlage dienend, eine Art Milieu, eine Art geistiger und moralischer Atmosphäre bildet, welche schädlich aber zugleich zur Existenz ihrer Glieder unentbehrlich ist. Sie beherrscht sie, unterwirft sie zugleich, und verknüpft sie untereinander durch gewohnheitsmäßige, von ihr bestimmte Beziehungen; sie flößt jedem Sicherheit und Gewißheit ein und schafft für alle die erste Voraussetzung der Existenz unter der großen Masse, die Banalität, den Gemeinplatz, die Gewohnheit.

Die große Mehrzahl der Menschen, nicht nur unter den Volksmassen, sondern auch in den privilegierten und gebildeten Klassen, und hier oft noch mehr als unter den Massen, fühlt sich nicht ruhig und zufrieden mit sich selbst, solange sie nicht in all ihren Gedanken und Handlungen des Lebens getreulich und blind der Tradition und Gewohnheit folgt: „Unsere Väter haben so gedacht und gehandelt, wir müssen denken und handeln wie sie; warum sollen wir anders denken und tun als die anderen?" Diese Worte drücken die Philosophie, die Überzeugung und die Praxis von 99 Prozent der Menschheit aus, ohne jeden Unterschied aus allen Klassen der Gesellschaft genommen. Und wie ich schon sagte, hierin hegt das größte Hemmnis für den Fortschritt und die rasche Befreiung der Menschheit.

Welches sind die Ursachen dieser erschreckenden Langsamkeit, die so nahe an Stagnation grenzt, und die, wie ich sagte, das größte Unglück der Menschheit bildet? Diese Ursachen sind vielfacher Art. Unter ihnen ist zweifellos eine der größten die Unwissenheit der Massen. Allgemein und systematisch jeder wissenschaftlichen Erziehung beraubt, dank der väterlichen Sorge aller Regierungen und priviligierten Klassen, die es nützlich finden, sie solange wie möglich in der Unwissenheit, in der Pietät, im Glauben zu erhalten, drei Dinge, die so ziemlich dasselbe ausdrücken, wissen sie auch nichts von dem Vorhandensein und dem Gebrauch jenes Werkzeugs geistiger Befreiung: der Kritik, ohne die es keine vollkommene moralische und soziale Revolution geben kann. Die Massen, die ein Interesse daran haben, sich gegen die Ordnung der Gesetze zu empören, werden davon noch mehr oder weniger zurückgehalten durch die Religion der Väter, diese Vorkehrung der priviligierten Klassen.

Die priviligierten Klassen, welche heute nichts mehr haben, weder Pietät noch Glauben, obgleich sie es behaupten, werden ihrerseits durch ihr politisches und soziales Interesse zurückgehalten. Doch ist es unmöglich, zu sagen, daß dies der einzige Grund ihrer leidenschaftlichen Anhänglichkeit an die herrschenden Ideen sei. Welch geringe Meinung ich auch von dem gegenwärtigen geistigen und moralischen Wert dieser Klassen habe, so kann ich doch nicht zulassen, daß das Interesse die einzige Triebkraft ihrer Gedanken und Taten sei.

Zweifellos gibt es in jeder Klasse und in jeder Partei eine mehr oder weniger zahlreiche Gruppe von intelligenten, kühnen und gewissenlosen Ausbeutern, welche man die starken Menschen nennt, die, frei von allen geistigen und moralischen Vorurteilen, sich aller Mittel bedienen, um ihr Ziel zu erreichen. Aber diese ausgezeichneten Menschen bilden selbst in den verdorbensten Klassen nur eine kleine Minderheit: die Mehrzahl ist ebenso hammelhaft wie im Volke auch. Sie unterwirft sich natürlich dem Einfluß ihrer Interessen, die ihr aus der Reaktion eine Daseinsbedingung schaffen. Es ist aber unmöglich, zuzugeben, daß sie bei der Reaktion nur einem egoistischen Gefühle folgen. Eine große Zahl von Menschen, selbst ziemlich verdorbene, könnte, wenn sie gemeinsam handelt, nicht so verdorben sein. Es gibt in jeder zahlreichen Gemeinschaft und mit größerem Recht in den traditionellen und historischen Gemeinschaften, wie es die Klassen sind, und wären sie auch soweit gekommen, dem Interesse und dem Rechte aller unheilbringend und zuwiderlaufend zu sein, eine Moral, eine Religion, irgendeinen Glauben, der zweifelsohne sehr wenig vernünftig, öfters äußerst lächerlich und beschränkt ist, der aber die unentbehrliche und moralische Voraussetzung ihres Daseins sind.

* * *

Der allgemeine und fundamentale Irrtum der Idealisten, der allerdings eine sehr logische Folge ihres Systems ist, ist der, die Grundlage der Moral im isolierten Individuum zu suchen, während sie sich nur finden kann und findet in den vereinigten Individuen. Um dies zu beweisen, müssen wir ein für allemal mit dem vereinzelten oder absoluten Individuum der Idealisten aufräumen.

Dieses einsame und abstrakte Individuum ist eine Fiktion, gleich der Gottes, beide sind gleichzeitig geschaffen durch die glaubende Phantasie und durch den kindlichen, nicht denkenden, nur auf Erfahrung gegründeten und kritiklosen, phantasierenden Verstand der Völker, um später von den theologischen und metaphysischen Theorien der idealistischen Denker entwickelt, erklärt und zum Dogma erhoben zu werden. Alle beide stellen ein Abstraktum dar, bar jedes Inhalts und mit der Wirklichkeit unvereinbar, und laufen hinaus auf das Nichts. Ich glaube die Unsittlichkeit der Gottesfiktion bewiesen zu haben, im Anhang werde ich später noch mehr ihre Ungereimtheit beweisen. Jetzt will ich ebenso die alberne wie unsittliche Fiktion von jenem abstrakten oder absoluten Menschen, welche die Moralisten der idealistischen Schule als Grundlage ihrer politischen und sozialen Theorien nennen, analysieren.

Es wird mir nicht schwer fallen, zu beweisen, daß das menschliche Individuum, welches sie preisen und lieben, ein vollkommen unsittliches Wesen ist. Es ist der personifizierte Egoismus, das antisoziale Wesen par excellence. Da es mit einer unsterblichen Seele begabt ist, ist es in sich unendlich und vollkommen, weshalb es auch niemanden, selbst Gott nicht, braucht, umso weniger aber andere Menschen. Logischerweise dürfte es auf keinen Fall die Existenz eines gleichen oder höheren, ebenso unsterblichen und unendlichen, oder noch mehr unsterblichen oder unendlichen Wesens ertragen, sei es neben oder über ihm. Es müßte der einzige Mensch auf Erden, was sage ich, es müßte das einzige Wesen der Welt sein. Denn das Unendliche, das etwas, was es auch sei, außerhalb sich findet, findet eine Grenze, ist nicht mehr unendlich; zwei unendliche Wesen, die sich gegenüberstehen, heben sich auf.

Warum haben die Theologen und Metaphysiker, die doch sonst so spitzfindige Logiker sind, diese Inkonsequenz begangen und warum fahren sie fort, die Existenz vieler gleich unsterblicher, d.h. unendlicher Menschen zuzulassen, und dazu noch die eines noch unsterblicheren und unendlicheren Gottes? Sie sind dazu gezwungen worden durch die absolute Unmöglichkeit, die wirkliche Existenz, die Sterblichkeit und die wechselseitige Abhängigkeit der Millionen von menschlichen Individuen, die auf der Erde lebten und noch leben, zu leugnen. Das ist eine Tatsache, von der sie trotz ihres guten Willens nicht absehen können. Logischerweise hätten sie daraus folgern müssen, daß die Seelen nicht unsterblich sind, daß sie kein von der Existenz ihrer körperlichen und sterblichen Hüllen getrenntes Dasein haben, und daß die Menschen, wenn sie sich begrenzt und in gegenseitiger Abhängigkeit sehen, wenn sie außerhalb ihres Selbst eine Unendlichkeit verschiedener Objekte wahrnehmen, wie alles, was ist, vergänglich, begrenzt und endlich sind. Wenn sie aber dies anerkennen wollten, so müßten sie ja auf die Grundlagen ihrer idealistischen Theorien verzichten, sie müßten sich unter die Fahne des reinen Materialismus oder der prüfenden und exakten Wissenschaft stellen. Zu dem fordert sie auch die mächtige Stimme des Jahrhunderts auf.

Sie bleiben taub gegen diese Stimme. Ihre Natur als Erleuchtete, Propheten, Doktrinäre und Priester, ihr durch die spitzfindigen Lügen der Metaphysik gedrängter Geist, der an die Dämmerung idealistischer Phantastereien gewöhnt ist, empören sich gegen die freien Folgerungen und den hellen Tag der einfachen Wahrheit. Sie verabscheuen ihn so, daß sie vorziehen, entweder den Widerspruch zu ertragen, den sie selbst durch jene Fiktion der unsterblichen Seele schaffen, oder aber die Lösung in einem neuen Unsinn, in der Gottesfiktion, zu suchen. Vom Gesichtspunkt der Theorie ist Gott wirklich nichts anderes als die letzte Zuflucht und der höchste Ausdruck aller Albernheiten und Widersprüche der Idealisten. In der Theologie, welche die kindliche und naive Metaphysik darstellt, erscheint er als die Grundlage und die erste Ursache des Unsinnigen, aber in der eigentlichen Metaphysik, d.h. in der verfeinerten und rationalisierten Theologie, bildet er im Gegenteil die letzte Instanz, die letzte Zuflucht, in dem Sinne, daß man alle Widersprüche, die unlösbar scheinen, in Gott und durch Gott, d.h. durch das so viel wie möglich durch einen wissenschaftlichen Schein umhüllte Absurde, erklärt.

Das Dasein eines persönlichen Gottes und die Unsterblichkeit der Seele sind zwei unzertrennliche Fiktionen, sind die beiden Pole des gleichen unbedingten Unsinns, von denen die eine die andere herausfordert und vergeblich ihre Erklärung, ihr Recht, zu sein, in der anderen sucht. Ebenso wie der augenscheinliche Widerspruch, der besteht zwischen der angenommenen Unendlichkeit jedes Menschen und der konkreten Tatsache der Existenz vieler Menschen, also vieler unendlicher Wesen, eines außerhalb des anderen, die sich notwendig begrenzen; für ihre Sterblichkeit und für ihre Unsterblichkeit, für ihre natürliche und unbedingte gegenseitige Abhängigkeit haben die Idealisten nur eine einzige Antwort: Gott; wem diese Antwort nichts erklärt, wen sie nicht befriedigt, der ist umso schlimmer dran. Man kann ihm keine andere geben.

Die Fiktion von der Unsterblichkeit der Seele und der individuellen Moral, welche die notwendige Konsequenz der ersten ist, ist die Verneinung jeder Moral. In dieser Beziehung muß man den Theologen Recht widerfahren lassen, welche, viel konsequenter und viel logischer als die Metaphysiker, das leugnen, was man übereingekommen ist, die unabhängige Moral zu nennen, indem sie mit viel Verstand erklären, daß, sobald man die Unsterblichkeit der Seele und das Dasein Gottes zugibt, man auch erkennen müsse, daß es nur eine einzige Moral, d.h. die Beziehung der unsterblichen Seele mit Gott durch die Gnade Gottes, gebe. Innerhalb dieser irrationalen, wunderbaren und mystischen Beziehung ist das einzig Heilige, das einzige Heil, außerhalb der Konsequenzen, die sich daraus für den Menschen ergeben, sind alle anderen Beziehungen gleich Null. Die göttliche Moral ist die Verneinung jeder menschlichen Moral.

Die göttliche Moral hat ihren vollkommenen Ausdruck gefunden in dem christlichen Grundsatz: „Du sollst Gott mehr lieben wie dich selbst, und deinen Nächsten sollst du lieben wie dich selbst", was die Opferung seines Selbst und seines Nächsten für Gott in sich schließt. Die Opferung seiner selbst kann als Torheit betrachtet werden; die des Nächsten ist vom menschlichen Gesichtspunkt aus unbedingt unsittlich. Und warum bin ich zu einem unmenschlichen Opfer gezwungen? Zum Heile meiner Seele. Das ist das letzte Wort des Christentums. Um Gott zu gefallen und um meine Seele zu retten, muß ich also meinen Nächsten opfern. Das ist der absolute Egoismus. Dieser im Katholizismus weder gemilderte, noch vernichtete, seitdem nur maskierte Egoismus, maskiert dirch die erzwungene Gemeinsamkeit und die autoritäre, hierarchische und despotische Einheit, erscheint in seiner ganzen zynischen Offenheit im Protestantismus, der eine Art „Rette sich wer kann"-Religion ist.

Die Metaphysiker ihrerseits bemühen sich, diesen Egoismus zu beschönigen, der doch der feste und fundamentale Grundsatz aller idealistischen Lehren ist, dadurch, daß sie sehr wenig, so wenig wie möglich, von den Beziehungen des Menschen zu Gott und viel von den gegenseitigen Beziehungen der Menschen sprechen. Was von ihnen weder schön, noch offen, noch logisch ist; denn sobald man das Dasein Gottes zugibt, ist man gezwungen, die Notwendigkeit der Beziehung des Menschen zu Gott anzuerkennen; man muß anerkennen, daß angesichts dieser Beziehungen zu dem absoluten und höchsten Wesen alle anderen Beziehungen notwendig geheuchelt sind. Oder aber ist Gott nicht Gott, oder verschlingt und zerstört seine Gegenwart alles. Doch gehen wir weiter.

Die Metaphysiker suchen also die Moral in den gegenseitigen Beziehungen der Menschen, zu gleicher Zeit behaupten sie aber, daß sie eine unbedingt persönliche Tatsache sei, ein göttliches Gesetz, das, unabhängig von diesen Beziehungen zu anderen menschlichen Individuen, in das Herz jedes Menschen geschrieben sei. Das ist der unlösbare Widerspruch, auf den die Theorie der Moral von den Idealisten gegründet ist. Von dem Augenblick an, wo ich, vor meinen Beziehungen zur Gesellschaft und deshalb unabhängig von jedem Einfluß dieser Gesellschaft auf meine eigene Person, ein Sittengesetz, ganz einfach von Gott in mein Herz geschrieben, trage, ist dieses Sittengesetz meinem Dasein in der Gesellschaft notwendig fremd und gleichgültig, wenn nicht sogar feindlich; es kann nicht meine Beziehungen zu den Menschen betreffen, es kann nur meine Beziehungen zu Gott regeln, was die Theologie auch logischerweise bestätigt. Was vom Gesichtspunkt dieses Gesetzes aus die Menschen anlangt, so sind sie mir vollständig fremd. Das Sittengesetz hat sich ja gebildet und ist in mein Herz eingegraben worden außerhalb all meiner Beziehungen zu ihnen, es kann mit ihnen nichts zu schaffen haben.

Aber, wird man sagen, dieses Gesetz gebietet dir gerade, die Menschen zu lieben, wie dich selbst, weil sie deinesgleichen sind und nichts tun, was du nicht wünschest, was man dir tue; es gebietet dir ihnen gegenüber die Gleichheit, das moralische Gleichsein, die Gerechtigkeit. Darauf antworte ich, daß, wenn es wahr ist, daß das Sittengesetz diesen Befehl enthält, ich daraus schließen muß, daß es nicht ausschließlich in meinem Herzen gebildet und geschrieben ist; es setzt notwendig die vorhergehende Existenz meiner Beziehung mit anderen Menschen, zu meinen Mitmenschen, voraus und deshalb schafft es diese Beziehungen nicht, sondern findet sie schon auf natürlichem Wege da, es regelt sie nur und ist gewissermaßen ihre enthüllte Offenbarung, ihre Erklärung, ihr Produkt. Daraus geht hervor, das das Sittengesetz keine persönliche, sondern vielmehr eine soziale Tatsache ist, eine Schöpfung der Gesellschaft.

Wenn es anders wäre, würde das in mein Herz eingeschriebene Sittengesetz unsinnig sein; es würde meine Beziehungen zu Wesen regeln, mit denen ich keinerlei Beziehungen hätte und deren Dasein mir sogar unbekannt wäre.

Darauf haben die Metaphysiker eine Antwort. Sie sagen, daß jedes menschliche Individuum es bei seiner Geburt mitbringt, von Gottes eigener Hand in sein Herz geschrieben, daß es aber zuerst nur in verborgenem Zustand sich in ihnen finde, in einem Zustand der Kraft, die nicht verwirklicht und dem Individuum selbst nicht offenbar ist; es kann sich nur dadurch verwirklichen und sich zum Bewußtsein bringen, daß es sich in der Gesellschaft von seinesgleichen entwickelt, daß der Mensch, kurz gesagt, zum Bewußtsein dieses Gesetzes, welches ihm angeboren ist, nur gelangt, durch die Beziehungen zu anderen Menschen.

Durch diese, wenn nicht verständige, so doch annehmbare, Erklärung sind wir wieder zurückgeführt auf die Lehre von den angeborenen Ideen, Gefühlen und Prinzipien. Man kennt diese Lehre; die menschliche Seele, unsterblich und unendlich in ihrem Wesen, aber körperlich bestimmt, begrenzt, schwerfällig und sozusagen geblendet und vernichtet in ihrer tatsächlichen Existenz, begreift in sich alle diese ewigen und göttlichen Prinzipien, aber ohne vorher von sich selbst etwas zu wissen, ohne vorher das geringste von der Welt zu ahnen. Da sie unsterblich ist, muß sie notwendig ewig in der Vergangenheit sowohl wie in der Zukunft sein. Denn wenn sie einen Anfang gehabt, müßte sie unweigerlich auch ein Ende haben, wäre sie keinesfalls unsterblich. Was ist sie gewesen, was hat sie getan während jener ganzen Ewigkeit, die sie hinter sich läßt? Gott weiß es; was sie selbst betrifft, so erinnert sie sich nicht daran, sie weiß nichts davon. Das ist ein großes Geheimnis, voll schreiender Widersprüche, die zu lösen man den größten Widerspruch, Gott, anrufen muß. Immer ist es so, daß sie, ohne es selbst zu ahnen, an einem unbekannten, geheimnisvollen Ort ihres Wesens alle göttlichen Prinzipien bewahrt. Aber verloren in ihrem sterblichen Leib, pervertiert durch die ganz und gar materiellen Voraussetzungen ihres Entstehens und ihres Daseins auf der Erde, hat sie nicht mehr die Fähigkeit, sie zu begreifen, nicht einmal die Kraft, sich ihrer zu erinnern. Es ist so, wie wenn sie sie gar nicht hätte. Aber so begegnen sich in der Gesellschaft eine Menge menschlicher Seelen, genau so unsterblich in ihrem Wesen und ganz genau so pervertiert, erniedrigt und materialisiert in ihrer wirklichen Existenz. Zuerst erkennen sie sich so wenig, daß eine materialisierte Seele die andere verspeist. Die Menschenfresserei war bekanntlich die erste Tätigkeit des Menschengeschlechts.

Dann fährt jede fort, erbitterte Kriege zu führen, jede bemüht sich, alle anderen zu unterjochen – es ist dies die lange Periode der Sklaverei, die heute weit davon entfernt ist, an ihrem Ende angelangt zu sein. Weder in der Menschenfresserei, noch in der Sklaverei findet man eine Spur göttlicher Prinzipien. Aber in diesem unaufhörlichen Kampf der Völker und Menschen untereinander, der die Geschichte ausmacht, und infolge der zahllosen Leiden, welche das klar vorauszusehende Resultat dieser Kämpfe sind, wachen die Seelen allmählich auf, treten aus ihrer

Erstarrung heraus, kehren zu sich selbst zurück, erkennen sich und vertiefen sich immer mehr in ihr Innerstes. Und die eine, von der anderen angeregt und herausgefordert, beginnen sie jetzt sich zu erinnern, zu ahnen zunächst, um dann ganz klar die Prinzipien, welche Gott selbst von Ewigkeit her dort niedergelegt hat, zu begreifen und zu erfassen.

Dieses Erwachen und dieses Erinnern findet nicht zuerst in den unendlichsten und unsterblichsten Seelen statt, was ein Unsinn wäre, denn das Unendliche läßt kein Mehr und kein Weniger zu, deshalb ist auch die Seele des größten Idioten ebenso unsterblich und unendlich, wie die des größten Genies; sie findet statt in den am wenigsten materialisierten Seelen, die deshalb viel eher fähig sind, zu erwachen und sich zu erinnern. Das sind die Männer von Genie, die von Gott Erleuchteten, die Seher, Gesetzgeber und Propheten. Wenn einmal diese großen und heiligen Männer, vom Geiste erleuchtet und angefeuert, ohne dessen Hilfe nichts Großes und Gutes auf dieser Erde geschieht, wenn sie einmal in sich selbst eine dieser göttlichen Wahrheiten, die jeder Mensch unbewußt in seiner Seele trägt, aufgefunden haben, wird es natürlich den mehr materialisierten Menschen viel leichter, dieselbe Entdeckung bei sich selbst zu machen. Und so kommt es, daß jede große Wahrheit, alle ewigen Prinzipien, die zuerst in der Geschichte als Offenbarungen Gottes verkündet wurden, sich später zweifellos als göttlich erweisen, die aber trotzdem jeder in sich selbst wiederfinden und als die Grundlagen seines eigenen unendlichen Wesens oder seiner unsterblichen Seele anerkennen kann und soll. Das erklärt, wie eine zuerst von einem einzigen Mann entdeckte Wahrheit, indem sie sich allmählich ausbreitet, ihre Anhänger findet, die zuerst wenig zahlreich und gewöhnlich von der Menge und der offiziellen Gesellschaft, ebenso wie der Herrschenden, verfolgt werden; da sie sich aber, gerade wegen dieser Verfolgung, immer mehr ausbreitet, ergreift sie früher oder später das gemeinsame Bewußtsein, und nachdem sie lange eine ausschließlich persönliche Wahrheit war, wird sie am Ende eine soziale; im Guten und Schlechten, in den öffentlichen und privaten Einrichtungen der Gesellschaft verwirklicht, wird daraus das Gesetz.

Das ist die allgemeine Theorie der Moralisten der metaphysischen Schule. Auf den ersten Blick ist sie, wie ich sagte, wohl annehmbar und scheint die verschiedensten Dinge zu versöhnen: die göttliche Offenbarung mit dem menschlichen Verstand, die Unsterblichkeit und die absolute Unabhängigkeit der Individuen mit ihrer Sterblichkeit und ihrer unbedingten Abhängigkeit, den Individualismus und den Sozialismus. Aber bei der Prüfung dieser Theorie und ihrer nächsten Konsequenzen wird es uns leicht fallen, zu erkennen, daß das nur eine scheinbare Versöhnung ist, die unter der falschen Maske des Rationalismus und des Sozialismus den alten Triumph der göttlichen Absurdität über die menschliche Vernunft, des individuellen Egoismus über die soziale Solidarität, feiert. Letzten Endes läuft sie auf die unbedingte Trennung und Vereinzelung der Individuen hinaus und damit auf die Verneinung jeder Moral.

Trotz ihres Anspruches auf Rationalismus beginnt sie mit der Verneinung jeder Vernunft, mit dem Unsinn, mit der Fiktion des im Endlichen verlorenen Unendlichen oder mit der Voraussetzung einer Seele, einer Menge unsterblicher in sterblichen Körpern wohnenden und eingekerkerten Seelen. Um diese Absurdität zu verbessern und zu erklären, ist sie gezwungen, zu einer anderen ihre Zuflucht zu nehmen, zur Absurdität par excellence, zu Gott, der eine Art unsterblicher, persönlicher, unwandelbarer, in der vergänglichen Welt wohnender und eingekerkerter S□□l□ ist, die aber trotzdem ihre Allwissenheit und ihre Allmacht behält. Wenn man ihr indiskrete Fragen stellt, welche sie natürlich nicht beantworten kann, weil der Unsinn sich weder auflöst, noch erklärt, antwortet sie mit dem schrecklichen Wort Gott, dem geheimnisvollen Absoluten, das absolut nichts oder das Unmögliche bedeutet, nach ihr aber alles löst, alles erklärt. Das ist ihre Sache und ihr Recht, denn deswegen, als Erbin und als mehr oder weniger gehorsame Tochter der Theologie, nennt sie sich Metaphysik.

Was wir hier zu betrachten haben, sind die moralischen Konsequenzen der Theorie. Stellen wir zunächst fest, daß trotz ihres sozialen Anscheins, sie eine reine und ausschließlich individuelle Moral ist, wonach es uns nicht schwerfallen wird, zu beweisen, daß sie, weil sie diesen vorherrschenden Charakter hat, in der Tat die Verneinung jeder Moral ist.

In dieser Theorie findet sich die unsterbliche und individuelle Seele jedes Menschen, unendlich und absolut vollkommen durch ihr Wesen, und deshalb auch keines anderen Wesens, noch irgendwelcher Beziehungen zu anderen Wesen, um sich zu vervollkommnen, bedürfend, zuerst wie eingekerkert und vernichtet in einem sterblichen Leib. In diesem Zustand des Vernichtetseins, dessen Ursachen uns zweifellos ewig verborgen sein werden, weil der menschliche Geist unfähig ist, sie zu erklären, und weil ihre Erklärung nur in dem absoluten Geheimnis, in Gott, liegt; zurückversetzt in jenen Zustand der Körperlichkeit und unbedingten Abhängigkeit von der äußeren Welt, bedarf der Mensch der Gesellschaft, um aufzuwachen, um sich zu erinnern, um sich seiner selbst und der göttlichen Prinzipien bewußt zu werden, welche von Gott selbst von aller Ewigkeit her in seinen Schoß gelegt wurden und die eigentlich sein Wesen ausmachen. Das ist der sozialistische Charakter und sind die sozialistischen Teile dieser Theorie. Die Beziehungen von Mensch zu Mensch und vom Einzelnen zu allen anderen, das soziale Leben mit einem Wort, erscheint hier nur als ein notwendiges Mittel der Entwicklung, als jene Übergangsbrücke, nicht als Ziel; das absolute und letzte Ziel jedes Individuums ist es selbst, in Gegenwart der absoluten Individualität, vor Gott. Es bedurfte der Menschen, um aus seinem irdischen Nichts herauszukommen, um sich wiederzufinden, um sein unsterbliches Wesen zu erfassen; wenn es aber einmal das wiedergefunden hat, schöpft es sein Leben nur mehr aus sich selbst, kehrt ihnen den Rücken und bleibt in der Betrachtung der mystischen Absurdität, in der Anbetung Gottes versunken.

Wenn es dann noch Beziehungen zu den Menschen unterhält, so geschieht das nicht eines moralischen Bedürfnisses wegen, und infolgedessen auch nicht aus Liebe zu ihnen, weil man liebt, was man braucht, und wer einen braucht; der Mensch, welcher sein unendliches und unsterbliches Wesen wiedergefunden hat, bedarf, da er in sich selbst vollkommen ist, niemanden, außer Gott, der durch ein Geheimnis, das nur die Metaphysiker verstehen, eine noch unendlichere Unendlichkeit und eine noch unsterblichere Unsterblichkeit als die der Menschen zu besitzen scheint; von nun an durch die göttliche Allwissenheit und Allmacht getragen, kann das in sich gesammelte und freie Individuum kein Bedürfnis nach anderen Menschen mehr haben. Wenn es also noch fortfährt, mit ihnen Beziehungen zu unterhalten, so kann das nur aus zwei Gründen geschehen.

Zunächst hat es, solange es von seinem sterblichen Körper umgeben ist, das Bedürfnis, zu essen, sich zu schützen, sich zu bekleiden, sich gegen die äußere Natur wie gegen die Angriffe der Menschen zu sichern, als zivilisierter Mensch hat es außerdem noch eine Menge materieller Dinge nötig, die den Wohlstand, die Behaglichkeit, den Luxus ausmachen und von denen mehrere unseren Vätern unbekannt waren, heute aber jedem als von zwingendster Notwendigkeit erscheinen. Es hätte ganz gut dem Beispiel der Heiligen vergangener Jahrhunderte folgen und sich in irgendeine Höhle abschließen und von Wurzeln nähren können. Aber wie es scheint, entspricht das nicht mehr dem Geschmack der modernen Heiligen, die ohne Zweifel glauben, die materielle Behaglichkeit sei zum Seelenheil notwendig. Es bedarf also dieser Dinge; diese Dinge können aber nur durch die gemeinsame Arbeit der Menschen erzeugt werden: die Arbeit eines einzelnen Menschen wäre außerstande, auch nur den millionsten Teil zu produzieren. Daraus ergibt sich, daß das im Besitze seiner sterblichen Seele und seiner inneren, von der Gesellschaft unabhängigen Freiheit sich befindliche Individuum, der moderne Heilige, materiell dieser Gesellschaft bedarf, ohne vorn moralischen Gesichtspunkt aus das mindeste Bedürfnis nach ihr zu haben.

Welchen Namen soll man aber diesen Beziehungen geben, die nur durch ausschließlich materielle Bedürfnisse veranlaßt sind, die gleichzeitig von keinem moralischen Bedürfnis sanktioniert und gestützt sind? Es gibt augenscheinlich nur einen: Ausbeutung. Und in der Tat, in der metaphysischen Moral und in der bürgerlichen Gesellschaft, welche bekanntlich diese Moral zur Grundlage hat, wird jeder notwendig ein Ausbeuter der Gesellschaft, d.h. aller, und der Staat unter seinen verschiedenen Formen, von dem demokratischen bis zur absolutesten Monarchie und bis zur, auf das freieste Wahlrecht gegründeten, demokratischen Republik, ist nichts anderes als der Regulator und der Bürge dieser gegenseitigen Ausbeutung.

In der auf die bürgerliche Moral gegründeten Gesellschaft erscheint jedes Individuum durch den Zwang oder die Logik seiner Stellung als Ausbeuter der anderen, weil es materiell aller und moralisch niemanden bedarf. Deshalb betrachtet jeder, wenn er die soziale Solidarität flieht, sie als eine der vollen Freiheit seiner Seele angelegten Fessel, während er sie als notwendiges Mittel zur Unterhaltung seines Leibes sucht, er betrachtet sie nur vom Gesichtspunkt ihrer materiellen Nützlichkeit aus und bringt ihr, gibt ihr nur, was unbedingt nötig ist, nicht um das Recht, sondern um die Macht zu haben, sich dieser Nützlichkeit für sich selbst zu versichern. Jeder betrachtet sie mit einem Wort als Ausbeuter. Wenn aber alle gleichmäßig Ausbeuter sind, so müßte es glückliche und unglückliche geben, weil jede Ausbeutung Ausgebeutete voraussetzt. Es gibt also Ausbeuter, die zu gleicher Zeit Macht haben und es in Wirklichkeit sind; und andere, die große Masse, das Volk, welches nur an Macht und an Wollen ist, nicht aber in Wirklichkeit. Tatsächlich begreift die Masse die ewig Ausgebeuteten. Die metaphysische und bourgeoise Moral läuft ja in der sozialen Ökonomie hinaus auf einen ewigen Krieg bis aufs Messer zwischen allen Individuen, auf einen erbitterten Krieg, in dem die meisten umkommen, um den Triumph und den Wohlstand der Minderheit zu sichern.

Der zweite Grund, welchen ein Individuum, das zum vollkommenen Besitz seiner selbst gelangt ist, dazu führen kann, seine Beziehungen zu anderen Menschen fortzusetzen, ist der Wunsch, Gott zu gefallen, und die Pflicht, sein zweites Gebot zu erfüllen; das erste war, Gott mehr als sich selbst zu lieben, das zweite, die Menschen, die Nächsten wie sich selbst und ihnen aus Liebe zu Gott alles Gute zu tun, was er wünscht, das man ihm tue.

Beachten wir die Worte: „Aus Liebe zu Gott"; sie drücken vollkommen den Charakter der einzigen menschlichen Liebe aus, die in der metaphysischen Moral möglich sein soll; sie besteht gerade darin, daß die Menschen sich nicht um ihrer selbst willen, aus eigenem Bedürfnis heraus, lieben, sondern nur, um dem höchsten Herrn zu gefallen. Übrigens muß es so sein, denn sobald man die Existenz eines Gottes und die Beziehungen des Menschen zu Gott zugibt, muß man, wie die Theologie, ihnen alle menschlichen Beziehungen unterordnen. Die Gottesidee absorbiert, zerstört alles, was nicht Gott ist und ersetzt alle menschlichen und irdischen Wirklichkeiten durch göttliche Fiktionen.

In der metaphysischen Moral, sagte ich, kann der zum Bewußtsein seiner unsterblichen Seele und seiner persönlichen Freiheit vor Gott und in Gott gelangte Mensch die Menschen nicht lieben, weil er vom moralischen Standpunkt aus ihrer nicht bedarf und weil man nur das lieben kann, füge ich noch hinzu, was man braucht.

Wenn man den Theologen und den Metaphysikern glaubt, so ist die erste Voraussetzung in den Beziehungen des Menschen zu Gott erfüllt, denn sie behaupten, daß der Mensch Gott nicht entbehren könne. Der Mensch kann und muß also Gott lieben, da er seiner ja in so hohem Maße bedarf. Was die zweite Vorraussetzung anlangt, die, daß man nichts lieben kann, was dieser Liebe nicht bedarf, so findet man sie in den Beziehungen des Menschen zu Gott keineswegs verwirklicht. Es wäre ein Frevel, zu sagen, Gott bedürfe der Liebe des Menschen. Denn etwas nötig haben, heißt, etwas entbehren, was zur Vollständigkeit des Daseins gehört, es ist das demnach ein Bekenntnis der Schwäche, ein Armutszeugnis. Gott, absolut vollkommen in sich selbst, bedarf niemanden und nichts. Da er der Liebe der Menschen nicht bedarf, kann er sie auch nicht lieben; und was man seine Liebe zu den Menschen nennt, ist nichts, als eine unbedingte Zermalmung, ähnlich, aber natürlich viel schrecklicher, als die, welche der mächtige Kaiser von Deutschland heute allen seinen Untertanen gegenüber ausübt. Die Liebe der Menschen zu Gott ähnelt auch viel derjenigen der Deutschen zu diesem heute so mächtig gewordenen Monarchen, daß wir nach Gott keine größere Macht als die seine kennen. Die wahre, wirkliche Liebe, als Ausdruck eines gegenseitigen und gleichen Bedürfens, kann nur zwischen Gleichen bestehen. Die Liebe des Höheren zum Niederen ist Zerschmetterung, Bedrückung, Verachtung, ist der, über die auf die Erniedrigung der anderen, triumphierende Egoismus und Hochmut, die triumphierende Eitelkeit. Die Liebe des Niederen zum Höheren bedeutet die Demütigung, die Schrecken und die Erwartungen des Sklaven, der von seinem Herrn das Glück oder das Unglück zu erwarten hat.

Das ist der Charakter der sogenannten Liebe Gottes zu den Menschen und der Menschen zu Gott. Das ist der Despotismus des einen und die Sklaverei der anderen.

Was bedeuten also jene Worte: Liebe die Menschen und tue ihnen Gutes aus Liebe zu Gott? Das heißt, sie so behandeln, wie Gott wünscht, daß sie behandelt werden; wie will er sie behandelt wissen? Als Sklaven. Gott ist durch seine Natur gezwungen, sie so zu behandeln. Da er selbst der absolute Herr ist, ist er gezwungen, sie als absolute Sklaven zu betrachten, und wenn er sie als solche betrachtet, so kann er sie auch nur als solche behandeln. Um sie zu befreien, gibt es nur ein Mittel, das wäre: abzudanken, sich selbst zu vernichten und zu verschwinden. Das hieße aber von seiner Allmacht zu viel verlangen. Er kann wohl, wie es das Evangelium erzählt, um die seltsame Liebe, welche er zu den Menschen empfindet, mit seiner ewigen Gerechtigkeit zu versöhnen, seinen einzigen Sohn opfern; aber abdanken, sich aus Liebe zu den Menschen zu vernichten, wird er nie, mindestens wenn man ihn nicht durch wissenschaftliche Kritik dazu zwingt. Solange die leichtgläubige Phantasie ihm gestattet, zu existieren, wird er immer der absolute Herrscher, der Herr von Sklaven sein. Es ist also klar, daß die Menschen wie Gott behandeln nichts anderes heißt, als sie wie Sklaven behandeln. Die Liebe der Menschen, wie Gott sie will, ist die Liebe der Sklaverei. Ich, durch Gott als unsterbliches und vollkommenes Individuum geschaffen, der ich mich gerade deshalb frei fühle, weil ich der Sklave Gottes bin, bedarf keines Menschen, um meine Seligkeit und meine vollkommenste geistige und moralische Existenz zu erlangen, sondern ich halte meine Beziehungen zu ihnen nur aufrecht, um Gott zu gehorchen und liebe sie nur aus Liebe zu Gott, behandle sie wie Gott, ich will, daß sie Sklaven Gottes sind, wie ich auch. Wenn es dem höchsten Herrn gefällt, mich auszuwählen, um seinem heiligen Willen auf der Erde Geltung zu verschaffen, so werde ich sie dazu zu zwingen wissen. Das ist der wahre Charakter dessen, was die Gottesanbeter aufrichtig und ernst ihre Menschenliebe nennen. Es ist nicht so sehr die Ergebung derjenigen, die lieben, als das erzwungene Opfer derjenigen, welche die Objekte oder vielmehr die Opfer dieser Liebe sind. Es ist nicht ihre Befreiung, es ist ihre Knechtung zum größten Ruhm Gottes. Und auf diese Weise verwandelt sich die göttliche Autorität in menschliche, so gründet die Kirche den Staat.

Nach dieser Theorie müßten alle Menschen Gott auf diese Weise dienen. Aber bekanntlich sind alle berufen, wenige aber auserwählt. Und dann, wenn alle gleich fähig wären, das zu erfüllen, d.h. wenn alle zum gleichen Grad geistiger und moralischer Vollkommenheit, Heiligkeit und Freiheit in Gott gelangt wären, würde dieser Dienst überflüssig werden. Wenn es notwendig ist, so deshalb, weil die ungeheure Mehrheit der menschlichen Individuen nicht bei diesem Punkt angekommen ist, woraus hervorgeht, daß diese noch unwissende und gottlose Masse, wie Gott es will, geliebt und behandelt werden muß, d.h. sie regiert und geknechtet werden muß von einer Minderheit von Heiligen, welche Gott nie verfehlt, auf die eine oder andere Weise selbst auszuwählen und an den Platz zu stellen, an welchem sie diese Pflicht erfüllen können. [27]

Die sakramentale Phrase für die Beherrschung der Volksmassen, die ohne Zweifel zu ihrem Heile geschieht, zum Heile der Seelen, wenn auch nicht zu dem ihrer Körper, ist in den theokratischen und aristokratischen Staaten für die Heiligen und Edlen und in den doktrinären, liberalen, ja sogar republikanischen und auf das allgemeine Stimmrecht gegründeten, für die Gebildeten und Reichen, dieselbe: „Alles für das Volk, nichts durch das Volk". Was bedeutet, daß die Heiligen, die Edlen oder die, sei es vom Gesichtspunkt der wissenschaftlich entwickelten Intelligenz oder dem des Reichtums aus, Bevorrechteten, dem Ideal oder Gott, sagen die einen, der Vernunft, der Gerechtigkeit und der wahren Freiheit, sagen die anderen, viel näher als die Volksmassen und die heilige und edle Aufgabe haben, sie dazu zu führen. Während sie ihre Interessen opfern, und ihre eigenen Geschäfte vernachlässigen, müssen sie sich dem Glück ihres jüngeren Bruders, des Volkes, widmen. Das Regieren ist kein Vergnügen, es ist eine mühsame Pflicht: man sucht in ihr weder die Befriedigung seines Ehrgeizes, seiner Eitelkeit, noch seiner persönlichen Habsucht, sondern nur die Gelegenheit, sich dem Glücke alle zu opfern. Zweifellos ist deshalb die Zahl der Bewerber um öffentliche Ämter so gering, deshalb nehmen Könige und Minister, große und kleine Beamte die Macht nur widerstrebenden Herzens an.

Das also sind in der nach der Theorie der Metaphysiker aufgefaßten Gesellschaft die beiden verschiedenen und sogar entgegengesetzten Arten von Beziehungen, die zwischen den Individuen bestehen können. Die erste ist die der Ausbeutung, die zweite die der Regierung. Wenn es wahr ist, daß Regieren heißt, sich dem Wohle derjenigen zu opfern, die man regiert, ist die zweite Beziehung in der Tat in vollem Widerspruch zur ersten, zu der der Ausbeutung. Aber hören wir zu. Nach der idealistischen Theorie, sei sie theologisch oder metaphysisch, können jene Worte: Das Wohl der Massen, weder ihr irdisches Wohlergehen, noch ihr zeitliches Glück bedeuten; was sind einige Jahrzehnte irdischen Lebens im Vergleich zur Ewigkeit? Man darf also die Massen nicht vom Gesichtspunkt dieser groben Glückseligkeit aus, welche uns die materiellen Kräfte auf der Erde geben, regieren, sondern im Hinblick auf ihr ewiges Heil. Die materiellen Entbehrungen und Leiden können sogar als ein Mangel an Erziehung betrachtet werden, da es erwiesen ist, daß zu viele körperliche Genüsse die unsterbliche Seele töten. Dann aber verschwindet der Widerspruch: Ausbeuten und Regieren ist ein und dasselbe, das eine ergänzt das andere und dient ihm schließlich als Mittel zum Zweck. Ausbeutung und Regieren, die erste gibt die Mittel zum Regieren und bildet die notwendige Grundlage, wie das Ziel jeder Regierung, die ihrerseits wieder die Macht, auszubeuten, garantiert und durch Gesetze schützt; beide sind die unzertrennlichen Pole all dessen, was man Politik nennt. Seit dem Beginn der Geschichte haben sie eigentlich das wahre Leben der Staaten, theokratischer, aristokratischer, monarchischer und selbst demokratischer, ausgemacht. Früher und bis zur großen Revolution am Ende des 18. Jahrhunderts war ihre enge Verbindung durch religiöse, biedere und ritterliche Fiktionen maskiert; aber seit die brutale Faust der Bourgeoisie all diese Schleier zerrissen, seit ihr revolutionärer Hauch all diese eitlen Einbildungen zerstörte, hinter denen die Kirche und der Staat, die Theokratie, die Monarchie und die Aristokratie solange ihre historischen Schändlichkeiten vollführen konnten; seit die Bourgeoisie, müde Amboß zu sein, ihrerseits Hammer wurde, kurz, seit sie den modernen Staat gründete, ist diese unselige Verbindung für alle eine enthüllte und sogar unbestrittene Wahrheit.

Die Ausbeutung ist der sichtbare Körper, die Regierung ist die Seele des bourgeoisen Regimes. Und wie wir soeben gesehen haben, ist die eine wie die andere in dieser so engen Verbindung, sowohl vom theoretischen als auch vom praktischen Gesichtspunkt aus, der notwendige und getreue Ausdruck des metaphysischen Idealismus, die unvermeidliche Folge jener bürgerlichen Doktrin, welche die Freiheit und die Moral der Individuen außerhalb der sozialen Solidarität sucht. Diese Doktrin läuft hinaus auf das ausbeutende Regieren einer kleinen Anzahl Glücklicher und Auserwählter, auf die Sklaverei der großen Mehrheit, für alle aber bedeutet sie die Verneinung jeder Sittlichkeit und Freiheit.

Nachdem ich gezeigt habe, wie der Idealismus, ausgehend von den unsinnigen Ideen von Gott, der Unsterblichkeit der Seele, der angeborenen Freiheit der Individuen und ihrer von der Gesellschaft unabhängigen Moral, naturnotwendig zur Weihe der Sklaverei und der Unsittlichkeit gelangt, muß ich jetzt zeigen, wie die wahre Wissenschaft, der Materialismus und der Sozialismus – dieser zweite Ausdruck ist ja nur die klare und vollkommene Entwicklung des ersten – gerade weil sie als Ausgangspunkt die materielle Natur und die natürliche und ursprüngliche Sklaverei der Menschen nimmt und weil sie deshalb die Befreiung des Menschen nicht außerhalb, sondern im Schoße der Gesellschaft, nicht gegen sie, sondern durch sie suchen müssen, ebenso notwendig hinauslaufen auf die Errichtung der größten Freiheit der Individuen und der menschlichen Sittlichkeit.

Fußnoten

1.   Der Leser wird die vollständige Darstellung dieser drei Prinzipien in dem Anhang dieses Buches finden, unter dem Titel: Philosophische Betrachtungen über das göttliche Phantom, über die wirkliche Welt und über den Menschen. M.B.

2.   Ich nenne es „frevelhaft" , weil, wie ich in dem erwähnten Anhang erwiesen zu haben glaube, dieses Geheimnis die Weihe aller in der Welt der Menschen begangenen und noch stattfindenden Greuel war und ist, und ich nenne es „einzig" , weil alle anderen theologischen und metaphysischen Sinnlosigkeiten, die den Menschengeist verdummen, nur die notwendigen Folgen dieses Geheimnisses sind. M.B.

3.   Ich glaube das, weil es unsinnig ist. d.U.

4.   Herr Stuart Mill ist vielleicht der einzige, dessen ernstgemeinten Idealismus zu bezweifeln erlaubt ist, aus zwei Gründen: erstens, weil er, wenn auch nicht ein unbedingter Schüler, so doch ein leidenschaftlicher Bewunderer, ein Anhänger der positiven Philosophie Auguste Comtes ist, welche, trotz ihrer vielen Verschweigungen, in Wirklichkeit atheistisch ist; zweitens, weil Herr Stuart Mill Engländer ist und in England sich als Atheist zu erklären selbst heute noch bedeutet, sich außerhalb der Gesellschaft zu stellen. M.B.

5.   Vor sechs oder sieben Jahren hörte ich Herrn Louis Blanc in London beinahe dieselbe Idee ausdrücken: „Die beste Regierungsform, sagte er zu mir, wäre die, welche immer tugendhafte Männer von Genie an die Spitze der Regierung brächte." M.B.

6.   Ich fragte eines Tages Mazzini, welche Maßregeln man zur Befreiung des Volkes treffen würde, wenn seine siegende unitäle Republik endgültig errichtet wäre? „Die erste Maßregel, sagte er mir, wird die Gründung von Schulen für das Volk sein." – Und was wird man dem Volk in diesen Schulen lehren? – „Die Pflichten der Menschen, Aufopferung und Hingabe." – Aber woher werden Sie eine hinreichende Zahl Lehrer nehmen, um diese Dinge zu lehren, die keiner zu lehren das Recht und die Fähigkeit hat, wenn er nicht selbst das Beispiel davon gibt? Ist die Zahl der Menschen, die im Opfer und der Hingabe den höchsten Genuß finden, nicht ungemein gering? Diejenigen, die sich im Dienst einer großen Idee opfern einer hohen Leidenschaft gehorchend und diese persönliche Leidenschaft befriedigend, außerhalb welcher das Leben selbst jeden Wert in ihren Augen verliert, diese denken gewöhnlich an ganz etwas anderes, als aus ihrer Handlung eine Lehre zu machen; diejenigen aber, die eine Lehre daraus machen, vergessen meist, sie in die Tat umzusetzen, aus dem einfachen Grunde, weil die Lehre das Leben, die lebendige Freiwilligkeit der Aktion, tötet. Männer wie Mazzini, bei denen Lehre und Handlung eine bewunderungswürdige Einheit bilden, sind sehr seltene Ausnahmen. Im Christentum gab es auch große, heilige Männer, die alles, was sie sagten, wirklich taten, oder sich wenigstens leidenschaftlich bemühten, es zu tun, deren von Liebe überschäumende Herzen voll Verachtung für die Genüsse und Güter dieser Welt waren. Aber die ungeheure Mehrheit der katholischen, protestantischen Geistlichen, die berufsmäßig die Lehre der Keuschheit, Enthaltsamkeit und Entsagung predigten und predigen, widerrief allgemein ihre Lehre durch ihr Beispiel. Nicht grundlos, sondern nach mehrhundertjähriger Erfahrung bilden sich bei den Völkern aller Länder Redensarten wie: ausschweifend wie ein Pfaffe, ein Feinschmecker wie ein Pfaffe, ehrgeizig wie ein Pfaffe, habgierig, selbstsüchtig und lüstern wie ein Pfaffe. Es steht also fest, daß die von der Kirche geweihten Lehrer der christlichen Tugenden, die Geistlichen, in ihrer ungeheuren Mehrheit das Gegenteil von dem taten, was sie predigten. Dieses Zahlenverhältnis schon, die Allgemeinheit der Tatsache,

zeigt, daß die Schuld nicht den einzelnen zuzuschreiben ist, sondern der unmöglichen und in sich selbst widerspruchsvollen sozialen Lage zufällt, in der sich die einzelnen befinden. Die Lage der christlichen Geistlichen enthält einen doppelten Widerspruch. Zuerst die zwischen der Lehre der Abstinenz und Entsagung und den positiven Neigungen und Bedürfnissen der menschlichen Natur, die in einigen, stets sehr seltenen, individuellen Fällen durch den stetigen Einfluß einer mächtigen geistigen und moralischen Macht, die in gewissen Augenblicken kollektiver Überspannung gleichzeitig von sehr vielen Menschen vergessen oder vernachlässigt werden können, beständig zurückgehalten, unterdrückt und selbst völlig vernichtet werden können, die aber so tief in der Menschennatur stecken, daß sie schließlich immer in ihre Rechte treten, so daß, wenn sie gehindert werden, sich auf regelmäßige und normale Weise zu äußern, sie zuletzt stets schädliche und ungeheuerliche Befriedigung suchen. Dies ist ein Naturgesetz, das also unausweichlich, unwiderstehlich ist und unter seinen verhängnisvollen Einfluß fallen unvermeidlich alle christlichen Geistlichen und besonders die der römisch-katholischen Kirche. Dieses Gesetz kann die Lehrer der Schule, d.h. die Priester der modernen Kirche, nicht treffen, es sei denn, daß man auch sie zwinge, christliche Abstinenz und Entsagung zu predigen. Aber ein anderer Widerspruch ist beiden gemeinsam. Dieser hegt im Titel und der Stellung des Lehrers. Ein Lehrer als Herr, der befiehlt, unterdrückt und ausbeutet, ist eine sehr logische und ganz natürliche Persönlichkeit. Aber ein Lehrer, der sich den ihm nach seinem göttlichen oder menschlichen Vorrecht Untergebenen opfert, ist ein widerspruchsvolles und ganz unmögliches Wesen. Das ist die Heuchelei selbst, die der Papst so gut verkörpert, der sich den letzten Diener der Diener Gottes nennt – und nach Christi Beispiel, zum Zeichen dessen, einmal jährlich die Füße von zwölf römischen Bettlern wäscht, – und gleichzeitig sich als Stellvertreter Gottes, zum absoluten und unfehlbaren Herrn der Welt aufwirft. Brauche ich daran zu erinnern, daß die Priester aller Kirchen, weit entfernt, sich den ihnen anvertrauten Herden zu opfern, dieselben stets opferten, ausbeuteten und im Herdenzustand erhielten, teils, um ihre eigenen persönlichen Leidenschaften zu befriedigen, teils, um der Allmacht der Kirche zu dienen? Dieselben Voraussetzungen und Ursachen bringen stets dieselben Wirkungen hervor. Ebenso wird es aber den göttlich erleuchteten und vom Staat bevorrechteten Lehrern der modernen Schule ergehen. Sie werden notwendigerweise, die einen unbewußt, die anderen mit voller Kenntnis der Sache, die Lehre vom Opfer des Volkes für die Macht des Staates und zum Nutzen der bevorzugten Klassen lehren. Muß man also allen Unterricht aus der Gesellschaft beseitigen und alle Schulen abschaffen? Nein, durchaus nicht, man muß mit vollen Händen Bildung in den Massen verbreiten und alle Kirchen, all diese dem Ruhm Gottes und der Versklavung der Menschen gewidmeten Tempel in ebensoviel Schulen menschlicher Befreiung verwandeln. Aber verständigen wir uns zuerst; Schulen im eigentlichen Sinn dürfen in einer normalen, auf die Gleichheit und die Achtung der menschlichen Freiheit gegründeten Gesellschaft nur für Kinder und nicht für Erwachsene da sein; damit sie Schulen der Befreiung und nicht der Knechtung werden, muß in ihnen vor allem die Fiktion von Gott, dem ewigen und absoluten Verknechter, beseitigt werden; Erziehung und Unterricht der Kinder müßten ganz auf die wissenschaftlichen Entwicklung der Vernunft und nicht des Glaubens gegründet werden, auf die Entwicklung der persönlichen Würde und Unabhängigkeit, nicht auf die der Frömmigkeit und des Gehorsams, auf den Kult der Wahrheit und Gerechtigkeit um jeden Preis und vor allem auf die Achtung vor der Menschheit, welche in allem und jedem an Stelle der Verehrung Gottes treten muß. Das Autoritätsprinzip bildet bei der Kindererziehung den natürlichen Ausgangspunkt; es wird rechtmäßig, notwendig, wenn es auf Kinder in niedrigem Alter angewendet wird, deren Intelligenz noch in keiner Weise entwickelt ist. Da aber die Entwicklung jeder Sache, folglich auch die der Erziehung, die allmähliche Verneinung des Ausgangspunktes bildet, muß sich das

Autoritätsprinzip gradweise mit dem Fortschritt der Erziehung und des Unterrichts der Kinder vermindern und ihrer wachsenden Freiheit Platz machen. Jede vernünftige Erziehung ist im Grunde nichts anderes, als diese fortschreitende Opferung der Autorität zum Nutzen der Freiheit, da der Endzweck der Erziehung kein anderer sein soll, als der, Menschen zu bilden, die frei sind und die Freiheit anderer achten und lieben. So muß der erste Schultag, wenn die Schule Kinder niedrigen Alters aufnimmt, die kaum einige Worte zu stammeln vermögen, der Tag der größten Autorität und beinahe vollständiger Abwesenheit der Freiheit sein, der letzte Schultag aber der der größten Freiheit und der absoluten Beseitigung jeder Spur des tierischen oder göttlichen Prinzips der Autorität. Das Autoritätsprinzip wird, auf Erwachsene oder Ältere angewendet, eine Ungeheuerlichkeit, eine scharfe Verneinung der Menschlichkeit, eine Quelle geistiger und moralischer Sklaverei und Verderbtheit. Unglücklicherweise ließen die väterlichen Regierungen die Volksmassen in so tiefer Unwissenheit dahinbrüten, daß es notwendig werden wird, nicht nur für die Kinder des Volkes, sondern auch für das Volk selbst Schulen zu gründen. Aber aus diesen Schulen müssen die geringsten Anwendungen oder Äußerungen des Autoritätsprinzips unbedingt entfernt werden. Es werden nicht mehr Schulen sein, sondern Volksakademien, in denen nicht mehr von Schülern und Lehrern die Rede sein kann, in welche das Volk, wie es dies für nötig hält, frei kommt, freien Unterricht zu nehmen, und in denen es nach seiner eigenen Erfahrung seinerseits die Lehrer, die ihm unbekannte Kenntnisse bringen, in vielem unterweisen kann. Das wird also ein gegenseitiger Unterricht sein, ein Akt geistiger Brüderlichkeit zwischen der gebildeten Jugend und dem Volk. Die wahre Schule für das Volk und alle erwachsenen Leute ist das Leben. Die einzige große und allmächtige, gleichzeitig natürliche und vernünftige Autorität, die einzige, die wir achten können, wird die des kollektiven und öffentlichen Geistes einer auf die Gleichheit und Solidarität und die Freiheit und die gegenseitige menschliche Achtung all ihrer Mitglieder gegründeten Gesellschaft sein. Ja, das ist eine nicht göttliche, sondern eine ganz menschliche Autorität, vor der wir uns gern beugen, da wir sicher sind, daß sie die Menschen, statt sie zu knechten, befreien wird. Man kann sicher sein, dBß sie tausendmal mächtiger sein wird, als all die göttlichen, theologischen, metaphysischen, politischen und juridischen Autoritäten, die Kirche und Staat einsetzten, mächtiger als Strafgesetze, Kerkermeister und Henker. Die Macht des Kollektivgefühls oder der öffentlichen Meinung ist schon heute eine sehr ernste. Die zu Verbrechen Geneigten wagen selten, ihr zu trotzen, sie offen herauszufordern. Sie werden versuchen, sie zu täuschen, aber sich wohl hüten, sie anzutasten, außer wenn sie sich wenigstens von irgendeiner Minderheit gestützt fühlen. Kein Mensch, für wie mächtig er sich auch halten mag, wird je die Kraft haben, die einstimmige Verachtung der Gesellschaft auszuhalten; keiner kann leben, ohne nicht wenigstens sich von der Zustimmung und Achtung irgendeines Teils dieser Gesellschaft gehalten zu fühlen. Es muß jemand von einer ungeheuren und sehr aufrichtigen Überzeugung getrieben werden, um den Mut zu finden, gegen alle zu reden und zu handeln, und nie wird ein egoistischer, verdorbener und feiger Mann diesen Mut haben. Nichts beweist besser die natürliche und unvermeidliche Solidarität, dieses alle Menschen ver- bindende Geselligkeitsgesetz, als dieser Umstand, den jeder von uns täglich an sich selbst und all seinen Bekannten beobachten kann. Wenn aber diese soziale Macht existiert, warum hat sie bis jetzt nicht genügt, die Menschen zu moralisieren, zu humanisieren? Die Antwort ist sehr einfach: weil diese Macht bis heute selbst nicht humanisiert wurde, und dies geschah nicht, weil das soziale Leben, dessen treuer Ausdruck sie immer ist, bekanntlich auf die Gottesverehrung und nicht auf die Achtung des Menschen gegründet ist, auf die Autorität und nicht auf die Freiheit, auf das Vorrecht und nicht auf die Gleichheit, auf die Ausbeutung und nicht auf die Brüderlichkeit der Menschen, auf Unrecht und Lüge und nicht auf Gerechtigkeit und Wahrheit. Ihr tatsächliches Wirken, das immer mit den humanitären Theorien, die sie bekennt, im Widerspruch steht, übte folglich beständig einen bösen und verderbenden, keinen moralischen Einfluß aus. Sie unterdrückt nicht Laster und Verbrechen, sie schafft sie. Ihre Autorität ist folglich eine göttliche, unmenschliche Autorität, ihr Einfluß ist schlecht und verhängnisvoll. Sollen beide wohltätig und menschlich gemacht werden? Entfessel die soziale Revolution! Macht, daß alle Bedürfnisse wirklich solidarisch werden, daß die materiellen und sozialen Interessen eines jeden seinen menschlichen Pflichten gleich werden! Hierzu gibt es nur ein einziges Mittel: zerstört alle Einrichtungen der Ungleichheit, gründet die wirtschaftliche und soziale Gleichheit aller, und auf dieser Grundlage wird sich die Freiheit, die Sittlichkeit und die solidarische Menschlichkeit aller erheben. Ich werde noch einmal auf diese Frage, die wichtigste des Sozialismus, zurückkommen. M.B.

7. Ein wilhelminischer General sagte einmal: „Einst hatten wir eine starkes, mächtiges Heer und waren deshalb ein Herrenvolk, das überall gefürchtet wurde." Bakunin hat recht, wenn er sagt: „Seit es sich als einheitliche Macht bildete, wurde es eine Gefahr für die Freiheit ganz Europas." d.Ü.

8. Man erinnere sich an die Kriegsbegeisterung in Deutschland in den Augusttagen 1914! d.Ü. Dasselbe trifft auf die Jahre 1933-45 in Deutschland zu, wo in einem bis dato nie gekannten Ausmaß sich diese Masse freiwillig manipulieren ließ. Ausgestattet mit dem preussischen Gehorsam, sämtlicher Freiheitstriebe durch Bismarck'sche und in weiterer Folge sozialdemokratischer Politik beraubt, schon exakt in Bakunins „Knutogermanischen Kaiserreich" beschrieben, war und ist dieses Volk ein willfähriges Instrument der jeweils herrschenden Klasse. P.St.

9. Die Wissenschaft, die das Erbgut aller wird, wird sich gewissermaßen dem unmittelbaren und wirklichen Leben jedes einzelnen vermählen. Sie wird an Nützlichkeit und Grazie gewinnen, was sie an Stolz, Ehrgeiz und doktrinärem Pedantismus verlieren wird. Dies wird gewiß nicht verhindern, daß Männer von Genie, die besser als die Mehrzahl ihrer Zeitgenossen für wissenschaftliche Spekulationen befähigt sind, sich ausschließlicher als andere der Pflege der Wissenschaften widmen und der Menschheit große Dienste leisten werden, ohne anderen sozialen Einfluß, den eine überlegene Intelligenz immer auf ihre Umgebung ausübt, ohne eine andere Belohnung zu suchen, als den hohen Genuß, den jeder hohe Geist in der Befriedigung einer edlen Leidenschaft findet. M.B.

10. Man muß die allgemeine Erfahrung, auf die sich die ganze Wissenschaft gründet, wohl unterscheiden von dem allgemeinen Glauben, auf den die Idealisten ihren Glauben stützen wollen; erstere ist die wirkliche Feststellung wirklicher Tatsachen, letztere nur eine Vermutung von Tatsachen, die niemand gesehen hat und die folglich mit der Erfahrung aller in Widerspruch stehen. M.B.

11. Die Idealisten, alle, die an die Geistigkeit und Unsterblichkeit der menschlichen Seele glauben, müssen in sehr großer Verlegenheit sein gegenüber den Unterschieden zwischen der Intelligenz der Rassen, Völker und Individuen. Wenn sie nicht annehmen wollen, daß die göttlichen Teilchen ungleichmäßig verteilt sind, wie wollen sie diese Verschiedenheit erklären? Es gibt leider eine viel zu große Zahl ganz dummer Menschen, die bis zum Idiotismus dumm sind. Haben diese etwa ein gleichzeitig göttliches und dummes Teilchen bei der Verteilung erhalten? Um aus dieser Verlegenheit herauszukommen, müssen die Idealisten annehmen, daß alle menschlichen Seelen gleich sind, daß aber die Gefängnisse, in denen sie eingesperrt sind – die menschlichen Körper –, ungleich sind, teils mehr, teils weniger geeignet, der reinen Geistigkeit der Seele als Organ zu dienen. Eine Seele hätte z.B. sehr feine Organe zur Verfügung, eine andere sehr grobe. Aber das sind Unterscheidungen, die der Idealismus zu machen nicht berechtigt ist, deren er sich nicht bedienen darf, ohne selbst der Inkonsequenz und

dem größten Materialismus zu verfallen. Denn vor der absoluten Geistigkeit der Seele verschwinden alle körperlichen Unterschiede, da alles Körperliche, Materielle, indifferent, gleich und absolut grob erscheinen muß. Der die Seele vom Körper, die absolute Geistigkeit von der unbedingten Körperlichkeit trennende Abgrund ist unendlich; folglich müssen alle, übrigens unerklärlichen und logisch unmöglichen Unterschiede, die jenseits des Abgrundes, in der Materie, existieren mögen, für die Seele als nicht existierend betrachtet werden und können und dürfen auf sie keinen Einfluß ausüben. Mit einem Wort, das absolut Geistige kann nicht von dem absolut Materiellen enthalten, umschlossen und noch weniger in irgendeinem Grade ausgedrückt werden. Von allen von der Unwissenheit und ursprünglichen Dummheit der Menschen erzeugten groben und materialistischen Einbildungen – materialistisch in dem Sinne, den die Idealisten diesem Wort geben, d.h. brutal – ist die Einbildung einer in einen materiellen Körper gesperrten, nicht materiellen Seele gewiß die gröbste und krasseste, und nichts zeigt besser die Allmacht aller Vorurteile selbst über die besten Geister, als die wirklich beklagenswerte Tatsache, daß Männer von hoher Intelligenz noch heute davon reden können. M.B.

12.   Ich weiß sehr wohl, daß man in den orientalischen theologischen und metaphysischen Systemen und besonders in denen Indiens, den Buddhismus inbegriffen, schon das Prinzip der Vernichtung der wirklichen Welt zum Nutzen des Ideals oder der absoluten Abstraktion findet. Aber es trägt hier nicht nicht den Charakter freiwilliger und absichtlicher Verneinung, der dem Christentum eigen ist, weil zur Zeit der Entstehung jener Systeme die eigentlich menschliche Welt, die Welt des menschlichen Geistes und Willens, menschlicher Wissenschaft und Freiheit, sich noch nicht so entwickelt hatten, wie dies später in der griechisch-römischen Kultur der Fall war. M.B.

13.   Ich halte es für nützlich, an eine, übrigens wohlbekannte und durchaus glaubwürdige, Anekdote zu erinnern, die ein sehr wertvolles Licht auf den persönlichen Charakter dieses Wiederaufwärmers der katholischen Glaubenslehre und auf die religiöse Aufrichtigkeit jener Zeit wirft. Chateaubriand brachte seinem Verleger ein gegen den Glauben gerichtetes Werk. Der Buchhändler bemerkte, der Atheismus sei nicht mehr Mode, das lesende Publikum wolle nichts mehr davon wissen und verlange im Gegenteil religiöse Werke. Chateaubriand entfernte sich, brachte ihm aber einige Monate später sein Werk: „Der Geist des Christentums". M.B.

14.   Von hier ab stellt der Text nicht mehr die Ansicht Bakunins dar, sondern die Lehre Victor Cousins und der eklektischen Schule. Bakunin hat einige Noten und in Klammer gesetzte Bemerkungen eingeschaltet. d.Ü.

15.   Ich bitte den Leser um Verzeihung, wenn so viele grandiose und ungeheuerliche Sinnlosigkeiten, die eine neben der anderen, sich in so wenigen Worten zusammendrängen. Es ist die Logik der doktrinären Idealisten, nicht die meine. M.B.

16.   Ist es nicht beachtenswert, daß man in allen Religionen die Einbildung findet, kein Sterblicher könne den Anblick eines Gottes in seinem unsterblichen Glanz ertragen, ohne auf der Stelle vernichtet, zerschmettert und verzehrt zu werden, so daß alle Götter, mitleidig mit dieser menschlichen Schwäche, sich den Menschen immer unter einer entlehnten Gestalt gezeigt haben, oft sogar unter der Gestalt eine Tieres, nie aber in ihrer wahren Herrlichkeit. Jehova hat ein einziges Mal, ich erinnere mich nicht welchem Propheten, seinen eigenen Rücken gezeigt, und rief durch diese Darstellung von hinten eine solche Zerrüttung hervor, daß der arme Prophet zeitlebens den Boden stampfte. Es ist augenscheinlich, daß es in allen Religionen ein dunkles Gefühl für jene Wahrheit gibt, daß die Existenz Gottes nicht nur mit der Freiheit, der Würde und Vernunft des Menschen, sondern auch mit der Existenz des Menschen und der Welt unvereinbar ist. M.B.

17. Die doktrinären Philosophen ebenso wie die Juristen und Okonomisten nehmen immer an, das Eigentum gehe dem Staate vorher, während es doch klar ist, daß die Rechtsidee vom Eigentum, ebenso wie das Familienrecht, historisch nur im Staate entstehen konnte, dessen erster Akt notwendig darin bestand, sie festzulegen. M.B.

18. Es ist zu beachten, daß nicht Bakunin, sondern Victor Cousin redet. d.U.

19. Der schreiende, empörende Unsinn aller Metaphysiker besteht gerade darin, daß sie immer die beiden Worte wissenschaftlich und göttlich zusammenstellen, wie wenn sie sich nicht gegenseitig aufheben würden. Die Theologen sind wahrlich viel gewissenhafter, viel konsequenter und viel tiefer als sie. Sie wissen und wagen es laut zu sagen, daß, damit Gott ein wirkliches und wahres Wesen sei, es unbedingt notwendig ist, daß er über der menschlichen Vernunft stehe, der einzigen, die wir kennen und von der wir das Recht haben zu sprechen, daß er über dem stehe, was wir die Naturgesetze nennen. Denn wenn er nichts wäre, als diese Vernunft und diese Gesetze, wäre er in der Tat nichts als ein leerer, neuer Name für diese Vernunft und diese Gesetze: d.h. ein Unsinn oder eine Heuchelei und sehr oft beides. Es hat keinen Wert, zu sagen, die menschliche Vernunft sei dieselbe wie die Gottes, nur im Menschen beschränkt, in Gott absolut. Wenn die göttliche Vernunft absolut und die unsrige beschränkt ist, so steht die Gottes notwendig über der unsrigen, was nur heißen kann: die göttliche Vernunft umfaßt eine Unendlichkeit von Dingen, die unser armseliger menschlicher Verstand unfähig ist, zu ergreifen, zu umfassen und noch weniger zu verstehen; diese Dinge stehen im Widerspruch zur menschlichen Logik, weil, wenn sie ihr nicht widersprechen würden, uns dann nichts hindern würde, sie zu verstehen, dann aber wäre die göttliche Vernunft der menschlichen nicht mehr überlegen. Man könnte gut einwerfen, daß dieser Unterschied und eine relative Überlegenheit sogar unter den Menschen vorhanden sei; die einen verstünden Dinge, welche die anderen unfähig sind zu begreifen, ohne daß daraus hervorgehe, daß die Vernunft, mit der die einen begabt seien, von der, die den anderen zugeteilt sei, verschieden sei. Daraus geht nur hervor, daß sie bei einen weniger und bei anderen mehr entwickelt ist, sei es durch Unterweisung oder gar durch eine natürliche Anlage. Man wird doch da trotzdem nicht sagen, daß die Dinge, welche die Intelligenteren verstehen, der Vernunft der weniger Intelligenten entgegengesetzt sind. Warum will man sich also auflehnen gegen die Idee eines Wesens, dessen Vernunft ihre absolute Entwicklung ewig vollendet hat? Ich antworte: Zuerst, weil die beiden Begriffe „ewig vollendet“ und „Entwicklung“ sich ausschließen; und dann, weil der Vergleich der ewig absoluten Vernunft Gottes mit der ewig beschränkten Vernunft der Menschen ein ganz anderer ist, als der zwischen einer höher entwickelten, aber trotzdem beschränkten menschlichen Intelligenz und einer weniger entwickelten und deshalb noch beschränkteren. Hier ist der Unterschied nur ganz relativ, ein größerer oder kleinerer Mengenunterschied, der keine Übereinstimmung zerstört. Die geringere menschliche Intelligenz kann und soll durch Weiterentwicklung bis zur Höhe der überlegenen menschlichen Intelligenz gelangen. Der Abstand, welcher die eine von der anderen trennt, kann sehr groß sein und erscheinen, aber da er begrenzt ist, kann er vermindert werden und zuletzt verschwinden. So ist es aber zwischen Gott und den Menschen nicht; ein unendlicher Abgrund trennt sie. Vor dem Absoluten, vor der unendlichen Größe verschwinden und heben sich alle Unterschiede der begrenzten Größen auf; was relativ das Größte ist, wird ebenso klein wie das unendlich Kleine. Mit Gott verglichen ist das größte menschliche Genie ein ebenso großes Vieh, als ein Idiot. Der Unter- schied, welcher besteht zwischen der Vernunft Gottes und der des Menschen, ist demnach nicht ein quantitativer, – sondern ein qualitativer Unterschied. Die göttliche Vernunft ist qualitativ anders als die menschliche, und da sie unendlich höher steht und sich ihr als Gesetz auferlegt, vernichtet und zermalmt sie dieselbe. Deshalb haben die Theolo-

gen gegen sämtliche Metaphysiker tausendmal Recht, wenn sie sagen, daß, wenn die Existenz Gottes einmal zugegeben sei, es notwendig ist, die Nichtigkeit der menschlichen Vernunft zu verkünden, daß, was den größten menschlichen Genies Torheit ist, vor Gott Weisheit bedeutet: Credo quia absurdum. (Ich glaube es, weil es unsinnig ist. d.Ü.) Wer nicht den Mut hat, diese so weisen, energischen und logischen Worte Tertullians auszusprechen, muß darauf verzichten, von Gott zu reden. Der Gott der Theologen ist ein übeltuendes Wesen, ein Feind der Menschheit, wie unser verstorbener Freund Proudhon sagte. Aber er ist ein wirkliches Wesen. Während der Gott der Metaphysiker ohne Fleisch und ohne Knochen, ohne Natur, ohne Willen, ohne Tätigkeit und besonders ohne ein Körnchen Logik, der Schatten eines Schattens ist, ein Phantom, von dem man sagen könnte, daß es von den modernen Idealisten eigens dazu aufgerichtet wurde, um die Schandtaten des bourgeoisen Materialismus und die verzweiflungsvolle Armseligkeit ihres eigenen Denkens mit einem gefälligen Schleier zu verhüllen. Nichts zeigt so sehr die Ohnmacht, die Heuchelei und die Feigheit der modernen bourgeoisen Intelligenz, als daß sie mit rührender Einstimmigkeit diesen Gott der Metaphysik angenommen hat. M.B.

20. Gerade in dieser Lage befindet sich heute noch die Kirche und der Adel in Deutschland. Diejenigen, welche von Deutschland als einem feudalen Land sprechen, haben ebensowenig recht, wie die, welche davon als einem modernen Staat reden: es ist weder feudal noch ganz modern. Es ist nicht mehr feudal, da der Adel seit langem jede vom Staat getrennte Macht verloren hat und zwar bis zur Erinnerung an seine ehemalige politische Unabhängigkeit. Die letzten Reste der Feudalität, vertreten durch die zahlreichen Herrscher Deutschlands, Mitglieder des verstorbenen Deutschen Bundes, werden bald verschwinden. Preußen ist sehr mächtig geworden und hat einen guten Appetit. Aus dem armen König von Hannover hat es nur ein Frühstück gemacht, alle anderen zusammen werden ihm das Mittagessen liefern. Was den deutschen Adel anbelangt, so verlangt er ja nicht mehr, als geknechtet zu sein und zu dienen. Wenn man ihn so sieht, könnte man glauben, er hätte nie etwas anderes getan. Den Lakai in großen Häusern, fürstlichen Häusern, wenn man will, spielen, das ist seine Natur. Dazu hat er den Eifer, die Anmaßung, die Leidenschaft. Mit Umkehrung dieser bewundernswerten Anlagen verwaltet und regiert er ganz Deutschland. Nehmen sie den Gothaer Kalender zur Hand und sehen sie, wieviel Bourgeois es unter jener unzähligen Menge von Militär- und Zivilbeamten gibt, welche die Macht und den Stolz Deutschlands ausmachen? Kaum einen auf zwanzig oder dreißig. Wenn also der moderne Staat einen von den Bourgeois regierten Staat bedeutet, so ist Deutschland keineswegs modern. Im Hinblick auf Regierung ist es noch im 17. und 18. Jahrhundert. Es ist modern nur vom wirtschaftlichen Standpunkt aus; weil in Deutschland wie überall das bourgeoise Kapital regiert: der deutsche Adel stellt kein von der Bourgeoisie verschiedenes Wirtschaftssystem mehr dar. Seine feudalen Beziehungen zum Land und zu den Landarbeitern sind stark erschüttert worden durch die denkwürdigen Reformen des Barons von Stein in Preußen und sind zum größten Teil durch die politischen Agitationen von 1830 und besonders durch den revolutionären Sturm von 1848 hinweggefegt worden. Nur in Mecklenburg sind sie, glaube ich, erhalten geblieben, sofern man einigen Majoraten, die noch in den Händen einiger großer fürstlicher Häuser sich befinden, Rechnung tragen will; sie werden nicht verfehlen, bald vor der erhobenen Allmacht des bourgeoisen Kapitals zu verschwinden. Gegen diese Allmacht kann weder Graf Bismarck mit seiner ganzen teuflischen Geschicklichkeit, noch General Moltke mit seiner ganzen Strategie und nicht einmal sein Popanzkaiser mit seiner ganzen ritterlichen Armee aufkommen, noch weniger ankämpfen. Die Politik, welche sie verfolgen wird der Entwicklung der bourgeoisen Interessen und der modernen Wirtschaft sicher günstig sein. Nur wird diese Politik nicht von den Bourgeois, sondern fast ausschließliche von den Adeligen gemacht werden. Wenn man ein berühm-

tes Wort abändert, kann man diese Politik charakterisieren: Alles für die Bourgeoisie, nichts durch sie. Denn man darf sich von all den deutschen Parlamenten, die sowohl partikularistisch als auch föderalistisch sind, und zu denen die deutschen Bourgeois wählen, nicht irre machen lassen. Man muß die pedantische Naivität der deutschen Bourgeois besitzen, um diese Kinderspiele ernst zu nehmen. Es sind das ebensoviele Akademien, wo man sie schwätzen läßt, wenn sie nur bewilligen, was man ihnen zu bewilligen befiehlt; nie verfehlen sie, zu bewilligen, was man will. Wenn sie sich aber einfallen lassen. widerspenstig zu werden, so macht man sich über sie lustig, wie Graf Bismarck es viele Jahre lang nacheinander mit dem preußischen Parlament machte. Den Bourgeois verhöhnen ist ein Vergnügen, das ein preußischer Junker sich nie versagt. (Bismarck regierte 1862 bis 1866 gegen die parlamentarische Majorität, gegen das neue, liberale, bourgeoise Preußen mit einem Etat, den er sich vom Herrenhause hatte bewilligen lassen. Er unterdrückte liberale Blätter, schränkte das Versammlungsrecht ein usw.; er behauptete die königliche Herrschaft gegen die des Parlaments durch eine brutale, gewaltsame Diktatur. d.U.) Um zusammenzufassen: die gegenwärtige Lage Deutschlands ist folgende: Es ist da der absolute despotische Staat, wie er sich nach dem 30jährigen Kriege bildete, der sich zur Unterdrückung der Massen fast ausschließlich des Adels und des Klerus bedient und fortfährt, die Bourgeois zu verhöhnen, zu mißhandeln, lächerlich zu machen, der aber trotzdem ihre Geschäfte besorgt. Deshalb werden sich die deutschen Bourgeois, die übrigens an Verhöhnungen gewöhnt sind, wohl hüten, sich gegen ihn aufzulehnen. M.B.

21.   Louis Philipp, der Bürgerkönig, sagte bei seiner Thronbesteigung: „La Charte sera désormais une vérité" , d.h.: Die Verfassung wird von jetzt ab Wahrheit sein. d.U.

22.   Wie gesagt bilden die vorstehenden Ausführungen V. Cousins Eklektizismus, während Bakunin seine Ansicht in den in Klammern gesetzten Worten ausspricht. d.U.

23.   Ich gestehe, dOß ich diese Meinung der liberalen Doktrinäre, die auch die vieler gemäßigter Republikaner ist, teile. Ich ziehe daraus nur die gerade entgegengesetzten Folgerungen, welche die einen wie die anderen daraus ableiten. Ich folgere daraus die Notwendigkeit der Abschaffung des Staates, als eine notwendigerweise das Volk bedrückende Einrichtung, sogar dann, wenn sie sich das allgemeine Wahlrecht zur Grundlage gibt. Für mich ist es klar, daß das allgemeine Stimmrecht, welches von Herrn Gambetta so sehr gepriesen wird – zwar deswegen, weil Herr Gambetta der letzte erleuchtete und gläubige Vertreter der Advokaten und Bourgeois ist –, die zugleich größte und raffinierteste Aufweisung des politischen Gauklertums des Staates ist; es ist zweifelsohne ein gefährliches Werkzeug, das von seiten desjenigen, der sich seiner bedient, große Geschicklichkeit verlangt, das aber, wenn man es versteht sich seiner zu bedienen, das sicherste Mittel ist, um die Masse an der Erbauung ihres eigenen Gefängnisses mitwirken zu lassen. Napoleon III. hat seine ganze Macht auf das allgemeine Wahlrecht gegründet, und nie hat es sein Vertrauen getäuscht. Bismarck hat daraus die Grundlage seines knutogermanischen Kaiserreiches gemacht. Ich werde noch ausführlicher auf diese Frage zurückkommen, die, wie ich sie auffasse, den hauptsächlichen und entscheidenden Punkt ausmacht, der die revolutionären Sozialisten nicht nur von den radikalen Republikanern, sondern auch noch von allen Schulen der autoritären und doktrinären Sozialisten trennt. M.B.

24.   Hier liegt der tiefste Grund des Gewissens und der ganzen bürgerlichen Moral. Ich brauche nicht zu bemerken, wie sehr sie den Grundprinzipien des Christentums entgegengesetzt ist, das alle Güter dieser Welt verachtet (das Evangelium verachtet sie, nicht die Priester der Kirche) und verbietet, Schätze auf der Erde zusammenzuraffen, weil, so sagt es, „da wo eure Schätze sind, da ist euer Herz" ; es befiehlt, die Vögel des Himmels nachzuahmen, die nicht arbeiten und säen, die aber trotzdem leben. Ich

bewundere immer die wunderbare Fähigkeit der Protestanten, diese Worte des Evangeliums in ihrer eigenen Sprache zu lesen und ihre Geschäfte so gut zu machen und sich trotz alledem als sehr aufrichtige Christen zu betrachten. Aber gehen wir weiter. Man prüfe aufmerksam in allen ihren geringsten Einzelheiten die sozialen, öffentlichen als auch privaten Beziehungen, die Reden und Handlungen der Bourgeoisie aller Länder und man wird tief und naiv jene Grundüberzeugung eingewurzelt finden, daß der *anständige, der sittliche Mensch der ist, welcher Eigentum zu erwerben, zu erhalten und zu vermehren versteht und daß nur der Besitzer achtenswert ist.* Um in England das Recht zu haben, Gentleman genannt zu werden, bedarf es zweier Voraussetzungen: daß man in die Kirche geht und vor allem, daß man Besitzer ist. Es gibt in der englischen Sprache einen sehr energischen, seltsamen und naiven Ausdruck: Dieser Mensch ist soviel wert, d.h. 5, 10, 100 000 Pfund Sterling. Was die Engländer (und die Amerikaner) in ihrer brutalen Naivität sagen, denken alle Bourgeois der Welt. Die ungeheure Mehrheit der bourgeoisen Klasse in Europa, Amerika, Australien und in allen europäischen in der Welt zerstreuten Kolonien, denkt es so, d⬚ß sie die tiefe Unsittlichkeit und Unmenschlichkeit dieses Gedanken nicht einmal ahnt. Diese Naivität in der Verdorbenheit ist eine sehr ernsthafte Entschuldigung zugunsten der Bourgeoisie. Es ist eine gemeinsame Verderbnis, die sich wie ein absolutes Sittengesetz allen Individuen, welche dieser Klasse angehören, aufzwingt; diese Klasse umfaßt heute alle Priester, Adeligen, Künstler, Literaten, Gelehrten, Beamten, militärischen und zivilen Offiziere, liederlichen Artisten und Schriftsteller, Industrieritter und Kommis, sogar die Arbeiter, die sich bemühen, Bourgeois zu werden, kurz alle die, welche persönlich vorwärts kommen wollen, und welche es müde sind, zusammen mit Millionen von Ausgebeuteten Amboß zu sein, die ihrerseits wollen und hoffen, Hammer zu werden,- die ganze Welt einfach, das Proletariat ausgenommen. Dieser so allgemeine Gedanke ist eine wirklich große unmoralische Macht, die man im Grunde aller politischen und sozialen Akte der Bourgeoisie findet und die umso übler, unheilvoller wirkt, je mehr sie als das Maß und die Grundlage aller Sittlichkeit betrachtet wird. Sie erklärt, entschuldigt und rechtfertigt gewissermaßen alles bürgerliche Wüten und all die schändlichen Verbrechen, die die Bourgeois im Juni 1848 gegen das Proletariat begangen haben. Wenn sie, als sie die Vorrechte des Eigentums gegen die sozialistischen Arbeiter verteidigten, glaubten, nur ihre Interessen zu verteidigen, hätten sie sich ohne Zweifel weniger wütend gezeigt, hätten aber in sich nicht diese Tatkraft, diesen Mut, diese unversöhnliche Leidenschaft und diese Einhelligkeit der Wut gefunden, welche sie 1848 siegen ließen. Sie fanden in sich jene ganze Kraft, weil sie ernstlich tief davon überzeugt waren, daß sie bei der Verteidigung ihrer Interessen zugleich die geheiligten Grundlagen der Moral verteidigten, weil sehr ernstlich, mehr als sie vielleicht selbst wissen, das Eigentum ihr ganzer Gott ist, ihr einziger Gott, der in ihren Herzen seit langem den himmlischen Gott der Christen ersetzt; wie ehemals diese letzteren, so sind auch sie fähig, für ihn das Martyrium und den Tod zu erleiden. Der unversöhnliche und verzweifelte Krieg, den sie führen und führen werden für die Verteidigung des Eigentums ist also nicht nur ein Interessenskrieg, er ist im vollen Umfang des Wortes ein religiöser Krieg und man kennt ja die Schrecken, die Schändlichkeiten, deren die religiösen Kriege fähig sind. Das Eigentum ist ein Gott; dieser Gott hat schon seine Theologie (die sich die Staatspolitik und das juristische Recht nennt) und notwendigerweise auch seine Moral; der gerechteste Ausdruck dieser Moral ist gerade der Ausdruck: „Dieser Mensch ist soviel wert" . Der Eigentumsgott hat auch seine Metaphysik. Es ist die Wissenschaft der bürgerlichen Ökonomisten. Wie jede Metaphysik ist sie eine Art Halbdunkel, ein Vergleich zwischen Lüge und Wahrheit, aber immer zum Nutzen der ersteren. Sie sucht der Lüge einen Schein von Wahrheit zu geben und läßt die Wahrheit in der Lüge aufgehen. Die politische Ökonomie sucht das Eigen- tum durch die Arbeit zu sanktionieren und als Verwirklichung, als Frucht der Arbeit darzustellen. Wenn es ihr gelingt das zu tun, so rettet sie das Eigentum und die bürgerliche Welt. Denn die Arbeit ist geheiligt, und alles, was auf die Arbeit gegründet ist, ist gut, gerecht, sittlich, menschlich, gesetzlich. Nur muß man einen sehr kräftigen Glauben haben, um diese Lehre aufzunehmen. Denn wir sehen die ungeheure Mehrheit der Arbeiter jedes Eigentums beraubt; und was noch mehr ist, wir wissen nach dem Geständnis der Ökonomisten und durch ihre eigenen wissenschaftlichen Darlegungen, daß unter der heutigen wissenschaftlichen Organisation, deren leidenschaftliche Verteidiger sie sind, die Massen nie zu Eigentum gelangen können, daß ihre Arbeit sie deshalb nicht befreit und adelt, da ja, trotz aller dieser Arbeit, sie dazu verdammt sind, ewig außerhalb des Eigentums, d.h. außerhalb der Sittlichkeit und Menschlichkeit, zu bleiben. Andererseits sehen wir, daß die reichsten Besitzer und folglich die würdigsten, menschenfreundlichsten, sittlichsten und achtenswertesten Bürger, gerade die sind, welche am wenigsten oder gar nichts arbeiten. Darauf erwidert man, daß es heute unmöglich ist, reich zu bleiben, sein Vermögen zu erhalten und noch zu vermehren, ohne zu arbeiten. Gut, aber hören wir zu: es gibt Arbeit und Arbeit; es gibt produktive Arbeit und die Arbeit der Ausbeutung. Die erste ist die des Proletariats, die zweite die der Besitzer als Besitzer. Derjenige, welcher seine von den Händen anderer angebauten Güter bewirtschaftet, beutet die Arbeit anderer aus; derjenige, welcher seine Kapitalien, sei es in der Industrie, sei es im Handel, arbeiten läßt, beutet die Arbeit anderer aus. Die Banken, welche sich durch die tausend Kreditgeschäfte bereichern, die Börsenmänner, die an der Börse gewinnen, die Aktionäre, die fette Dividenden einstreichen ohne einen Finger zu rühren: Napoleon III., der ein so reicher Besitzer geworden ist und alle seine Geschöpfe reich gemacht hat; Wilhelm I., der stolz auf seine Siege sich anschickt, dem armen Frankreich Milliarden im voraus wegzunehmen und der sich und seine Soldaten schon durch Plünderung bereichert; alle diese Leute sind Arbeiter, aber was für Arbeiter, guter Gott! Handwerksmäßige Ausbeuter, großzügige Arbeiter. Und außerdem sind die gewöhnlichen Diebe und Straßenräuber viel wirklichere Arbeiter, da sie wenigstens, um sich zu bereichern, ihre eigenen Hände gebrauchen. Für den, der nicht blind sein will, ist es klar, daß die produktive Arbeit die Reichtümer schafft und dem Arbeiter Elend gibt; und daß nur die unproduktive, ausbeutende Arbeit das Eigentum hervorbringt. Da aber das Eigentum die Moral ist, ist es offenbar, daß die Moral, wie die Bourgeois sie verstehen, in der Ausbeutung der Arbeit von anderen besteht. D.B.

25. Das Folgende ist eine Anmerkung zu dem Inhalt des letzten Satzes, die sich aber ziemlich ausdehnt und schließlich unvollendet abbricht. d.Ü.

26. So sagt Naumann einmal: „Wir erkennen den Großbetrieb Staat an, müssen aber die Grenzen seiner Tätigkeit formulieren und müssen die Gebiete abgrenzen, in die der Staat nichts hineinzureden hat, damit das Ungeheuer Großbetrieb, das einmal da ist, nicht die letzten Reste der Persönlichkeit zerstören kann". (Also hat „das Ungeheuer Staat" schon wesentlich die Beschränkung und Zerstörung der Persönlichkeitsrechte vollzogen!) d.U.

27. In der guten, alten Zeit, als der noch nicht erschütterte christliche Glaube hauptsächlich durch die römisch-katholische Kirche vertreten, in der höchsten Blüte stand, hatte Gott keinerlei Schwierigkeit seine Auserwählten zu bezeichnen. Es war selbstverständlich, daß alle Herrscher, große und kleine, durch Gottes Gnade regierten, sofern sie nicht exkommuniziert (exkommunizieren = in den Kirchenbann tun, „aus der Kirche ausschließen" . d.U.) waren, selbst der Adel gründete seine Vorrechte auf die Weihe der hl. Kirche. Der Protestantismus, der trotz seines Charakters, mächtig zur Zerstörung des Glaubens beigetragen hat, ließ wenigstens in dieser Beziehung die christliche Lehre unberührt, er wiederholte mit dem hl. Apostel Paulus: „ Alle Autoritäten kommen von Gott" . Er hat sogar noch die Autorität des Herrschers verstärkt, indem

er verkündete, sie käme direkt von Gott und hätte nicht das Bedürfnis nach der Vermittlung durch die Kirche, ja er ordnete ihr sogar die letztere unter. Aber seit die Philosophie des letzten Jahrhunderts, vereint mit der bürgerlichen Revolution, einen so tödlichen Stoß gegen den Glauben geführt und alle auf diesem Glauben gegründeten Einrichtungen umgestürzt hat, hat die Lehre von der Autorität Mühe gehabt, sich im Bewußtsein der Menschen wiederherzustellen. Die heutigen Herrscher fahren wohl fort, sich „von Gottes Gnaden" zu nennen, aber diese Worte, die ehemals eine so lebenswahre, mächtige und tatsächliche Bedeutung hatten, werden jetzt von den gebildeten Klassen und sogar von einem Teil des Volkes als eine alte, hausbackene Phrase angesehen, die im Grunde gar nichts bedeutet. Napoleon III. hat sie zu erneuern versucht, indem er ihr die andere Phrase: „ und durch den Willen des Volkes" hinzufügte, die dadurch entweder sich selbst oder die andere aufhebt, oder aber bedeutet, daß alles, was das Volk will, auch Gott will. Dann bleibt noch zu wissen übrig, was das Volk will und welches das Organ ist, das am treuesten diesen Willen ausdrückt. Die radikalen Demokraten bilden sich ein, daß das immer die durch das allgemeine Wahlrecht gewählte Volksvertretung sei. Andere, noch radikalere, fügen das Referendum, die sofortige Abstimmung des ganzen Volkes über jedes etwas wichtigere Gesetz hinzu. Alle, Konservative, Liberale, Radikale und radikale Extremisten sind sich über den Punkt einig, daß das Volk regiert werden müsse, sei es, daß es seine Führer und Herren selbst wählt, sei es, daß sie ihm aufgezwungen werden; es muß Führer und Herren haben. Bar jeder Intelligenz muß es sich von denen leiten lassen, die sie haben. Während man in den vergangenen Jahrhunderten naiverweise die Autorität im Namen Gottes forderte, fordert man sie heute doktrinär im Namen der Intelligenz; es sind nicht mehr die Priester einer geschmähten Religion, sondern die patentierten Priester der doktrinären Intelligenz, welche die Macht beanspruchen, und das in einer Zeit, wo die Intelligenz ganz augenscheinlich Bankrott macht. Denn niemals haben die gebildeten und gelehrten Menschen, und was man im allgemeinen die gebildeten Klassen nennt, eine solche moralische Verkommenheit, eine solche Feigheit, eine solche Selbstsucht und eine so vollständige Uberzeugungslosigkeit gezeigt, wie in diesen Tagen. Wegen der Feigheit sind sie trotz all ihrer Wissenschaft so dumm geblieben und verstehen nichts als die Erhaltung dessen, was ist, und glauben närrischerweise, den Gang der Geschichte durch brutale Gewalt und militärische Diktatur aufhalten zu können durch dieselbe militärische Diktatur, der sie heute so schmählich unterworfen sind. (Bakunin schrieb diese Worte im Frühjahr 1871 unter dem Eindruck des deutsch- französischen Krieges und seiner Folgen. d.Ü.) Wie von jeher die Vertreter der Intelligenz und der göttlichen Autorität, die Kirche und die Priester sich zur wirtschaftlichen Ausbeutung der Massen zusammengeschlossen haben, was auch die Hauptursache ihres Sturzes war, ebenso haben sich heute die Vertreter der Intelligenz und der menschlichen Autorität, der Staat, die gelehrten Körperschaften und die gebildeten Klassen mit demselben Werke grausamer und harter Ausbeutung in Übereinstimmung erklärt, um die letzte sittliche Kraft, das letzte Prestige erhalten zu können. Durch ihr eigenes Gewissen verdammt, fühlen sie sich entlarvt und gegen die Verachtung, welche sie, wie sie wissen, nur zu wohl verdienen, haben sie keine andere Zuflucht, als die grausame Begründung der organisierten und bewaffneten Willkür. Diese auf drei abscheuliche Dinge: Bürokratie, Polizei und stehendes Heer, gegründete Ora.isation, bildet heute den Staat, den sichtbaren Körper der Ausbeutenden und der doktrinären Intelligenz der bevorrechteten Klassen. Im Gegensatz zu dieser modernen und sterbenden Intelligenz entsteht in den Massen des Volkes einen neue, jung und kraftvoll, voll Zukunft und Leben, die ohne Zweifel noch nicht wissenschaftlich entwickelt ist, aber die neue Wissenschaft befreien wird von allen Dummheiten der Metaphysik und der Theologie. Diese Intelligenz wird keine patentierten Professoren, keine Propheten und keine Priester haben, sie wird in jedem und allem leuchten und weder eine neue Kirche, noch einen neuen Staat gründen, sie wird die letzten Spuren des unheilvollen und verfluchten Prinzips der göttlichen wie menschlichen Autorität zerstören und wird jedem seine volle Freiheit zurückgeben, sie wird die Gleichheit, die Solidarität und die Brüderlichkeit des Menschengeschlechtes verwirklichen. M.B.

www.ingramcontent.com/pod-product-compliance
Lightning Source LLC
Chambersburg PA
CBHW051909250726

48659CB00002B/560